Scott Cunningham

EarthPower
Techniques of Natural Magic

西洋魔法で開運入門

四大元素"土風火水"がパワーを引き寄せる

スコット・カニンガム 著
狩野綾子 まちとこ 訳

"Translated from"
Earth Power : Techniques of Natural Magic
Copyright ©1983 and 2006 by Scott Cunningham

Published by Llewellyn Publications
Woodbury, MN 55125 USA www.llewellyn.com
through Japan UNI Agency, Inc., Tokyo

この本をデイヴに捧ぐ

CONTENTS

まえがき ———————————— 7

はじめに ———————————— 10

� 第一部　基本編 ✦

1. 大地に触れる ———————— 14
2. 魔法について ———————— 18
3. 魔法のテクニック —————— 27
4. 魔法のエレメント —————— 42

✦ 第二部　四大元素の魔法 ✦

5. 土の魔法 —————————— 50
6. 風(ふう)の魔法 ———————— 56
7. 火の魔法 —————————— 69
8. 水の魔法 —————————— 77

✴ 第三部　自然を使った魔法 ✴

- 9. 石の魔法 —————————— 90
- 10. 木の魔法 —————————— 97
- 11. 人形(イメージ)の魔法 ————— 105
- 12. 結び目の魔法 ———————— 113
- 13. キャンドルの魔法 ——————— 123
- 14. ロウの魔法 ————————— 129
- 15. 鏡の魔法 —————————— 135
- 16. 雨、霧、そして嵐の魔法 ———— 147
- 17. 海の魔法 —————————— 158

あとがき ———————————— 172

- 付録Ⅰ　色と魔法の関係 ————— 174
- 付録Ⅱ　ルーン文字 ——————— 175
- 付録Ⅲ　ハーブ ————————— 176
- 参考文献一覧 —————————— 184

謝辞

　本書は、多くの人の助けと、自らの魔法力の向上によって誕生しました。ジョンとイレーヌ、モーガン、ジニー、ドン、ドナルド、モルガナ、ジュアニータ、エドとマリリー、ラ・ドラ、ジュディス、レイブンなど、その他多くの友人や先生方が、この作品の完成に時間と知識を提供して下さいました。
　さらに、原稿に貴重な意見を下さったドン・クレイグ、ジュアニータ・ピーターソン、デイヴィッド・ハリントン、そして校正もして下さったハリントン氏に感謝します。

まえがき

　小さい頃から、自然や自然現象に魅かれてきました。子どもの頃のことで最もよく覚えているのは、野生の草花が咲き乱れる草原の風景や花崗岩(かこう)の手触り、そして大草原を襲う怒り狂った嵐の光景などです。

　友だちがサッカーやエンジンの謎解きに熱中する間、私は夜空を眺め、その果てしない広がりを理解しようと夢中でした。自然の広大さを考えれば考えるほど、畏怖や恐れさえも感じました。闇と、その中に存在する光の点についての疑問は、愛する自然の世界について次から次へと新たな疑問を生み出しました。

　これらの疑問に対して、科学でさえほとんど答えられないことに気がついた時、私は自然界の謎を解き、説明することに自分の人生を費やそうと決心しました。

　答えを探すうちに、地球の遠い彼方で生まれた、半分忘れ去られた宗教や魔術と出合いました。粘土盤に書かれた古い文章や魔術に関する論文から、断片的な情報を得ることができました。魔術に出合った時は、探していたものにかなり近いと感じました。なぜなら、魔法は自然のパワーを使って行われていたからです。

　私は、無数の魔術を調査することに全身全霊を注ぎました。魔法

使いや魔女と知り合いになると、彼らの風変わりな教えを通してさらに知識を深めました。

　何年も経った後、私は自然のパワーに働きかける者だけに、魔術の道が開かれることを知りました。その秘密は、曲がりくねった小川やぷかぷか浮かぶ雲に隠されています。また、唸る海や涼しげなそよ風によってささやかれ、洞窟や岩、森にこだまします。

　魔術は、現存する最古の科学といってもいいかもしれません。その一方で、最も誤解されているものでもあります。魔術を行う者にさえも。

　魔術は、必要な変化をおこすために自然のパワーに働きかける芸術です。純粋でシンプルなものこそ、魔術です。土、風、火、そして水が持つ自然のパワーは、この星に私たちが誕生する前から存在します。この自然のパワーは、先史時代の創造の海から私たちの存在を生み出した、スピリチュアルな祖先といえるかもしれません。

　魔法を通してこうした自然のパワーにつながり、そのパワーに働きかけることは、あなたの人生を大きく変える力をもたらすだけでなく、自然という、より大きな枠組みの中での自分の存在に気づかせてくれます。その気づきこそが、きっと自然魔術の魔法使いたちにとって一番の収穫でしょう。

　知識を追求していった結果、私は、大地の魔法について深く知りました。古い習わしに従うことで、自分の人生を好転させただけでなく、それらの習わしの価値と目的について理解を深めていきました。同じように挑戦する者は、必ず同じような実りを得ることができるでしょう。

　こうした自然のパワーや道具は、私たちの周りに溢れています。気づいてもらい、使ってもらえるのを待ち望んでいます。これらの

パワーを借りれば、私たちは最大限の可能性を引き出すまで成長できるのです。

　しかし、地球を支配し、制圧することでは何も得られません。私たちの星の奏でるメロディーに耳を傾け、溶け込むことで、私たちは真の魔法使いとなり、魔法と自然を調和させることができるようになるのです。

　私のたくさんの疑問に対する答えは、自然魔術の領域で見つけることができました。しかし、この本は自然魔術についての解説しかない、役立たずの本ではありません。魔法を実践するためのガイドブックです。実践した者は皆、自分の答えを見つけることができるでしょう。

はじめに

　この本は、普通の人々のための魔法、草の根の魔術の本です。このテーマで書かれた他のほとんどの出版物と違います。
　ロウでできたペンタクルの中にシンボルを描いたり、３つの円に向かって光る刀を振り上げたり、寂れた洞窟で悪霊に呼びかけるような内容ではありません。もっとシンプルで、簡単な魔法について記しています。
　この本に書かれた内容は、まだ穀物や野菜を育て、動物を飼育し、糸を紡ぎ、布を織って服を作っていた人々から伝承されたものです。欲しいものは全て手作りや物々交換によって手に入れる時代でした。男性も女性も子どもたちも、日が昇ってから暮れるまで、食べるために、そして寝るところを確保するために働きました。彼らの世界のものは全て手作りでした。彼らの宗教も魔術も同じです。
　人々は地球と共にいました。地球上で生活をして、呼吸をして、地球と共に働きました。そして、今になってようやく再発見されることとなった、遺産を残しました。自然魔術です。
　この本では、自然の魔力がどのようにして使われてきたか、いくつか紹介しています。海、川や泉、太陽と月、嵐や雨、木々、結び目や鏡に関する魔法です。どんな人でも実行できる、驚くべき効果

をもたらす魔法がここにはあります。魔法は本当に効き目があるのです！

しかし、この本はただの魔法の本ではありません。ページに記された言葉の裏には、たくさんのことが含まれています。魔法に存在する真の謎は、自然についての謎です。

魔法を行うことで、人々は自然に触れ、その過程で誰もが自然の秘密を発見することができるでしょう。

自然、地球、宇宙は偉大なる伝承者です。私たちはずっとそこにあるものに目を見開いて気づき、これらのものに助けを求めるべきです。

第一部
基本編

PART I
Basics

1. 大地に触れる

　星がきらめく夜空に、月が神秘的に輝いています。無人の砂浜に、人影が動きます。人影は止まった後にしゃがみこみ、揺らぎ続ける海が運んできた灰色の棒をつかみます。そして、棒のとがっていない方を濡れた砂に押し当て、あるシンボルを描きます。
　波が打ち寄せ、人影は後ろに下がります。迫りくる波がちょうどシンボルを流そうとする瞬間に、風が吹き、きつく巻かれたスカーフが後ろになびきます。やわらかい月明かりに照らされた女性の顔が見えました。
　魔法がうまくいったことを知り、自信を得た女性は微笑みます。そして座り、打ち寄せる波の音楽に耳を傾けます。

　なぜこの夜、女性は海に向かったのでしょう。なぜ、砂にシンボルを描いたのでしょうか。そして、どのようにして一連の簡単な動作で魔法を起こしたのでしょうか。
　自然魔術——というよりむしろ、自然の魔力——は、魔術から発展したシンプルなもので、世界中に散らばった人々が太古から積み重ねてきた実験によって生まれたものです。恐らく、永遠に移り変わる季節や蕾の開花、新しい命の誕生といった限界のない自然のパ

ワーへの反応から生まれたものでしょう。

ほとんどの自然魔術は、必要な変化をおこすために自然のパワーとエネルギーを使って行われます。やり方は単純で、中には子どもじみて見えるものもあるかもしれませんが、効果はあります。

登場した女性は、自然魔術の一つを行いました。彼女は、海という、何千年も何万年も、崇め立てられてきた、時間を超越したエネルギーの源に働きかけました。海のエネルギーを誘導するために、彼女はあるシンボルを描きました。魔法における言葉であり、潜在意識を表すシンボルは、魔法の簡単な表現方法です。シンボルやルーン文字は、それ自体にもパワーがありますが、それだけでなく、特定の方向にパワーを向かわせることができます。シンボルは魔法に指令を出すものといっていいでしょう。

だからこの女性は、海のエネルギーに踏み込むために月夜の海に出かけて行き、パワーを集めるために砂の上にシンボルを描きました。波がシンボルを流し去った時、そのパワーは解放され、その結果、魔法が始まったのです。

この夜の成果が実るには数日かかるでしょう。しかし、間違いなくそれは形となって現れます。時間と経験がこれを証明しています。

自然魔術は、真っすぐで理にかなったものです。今までどのように耳にしていたかわかりませんが、魔法は超自然的でも、不自然でも、異質でもありません。私たちの裏庭や自宅、そして私たちの根底にあるものです。自然の力は、魔法にパワーを与えるものであり、インプ（小鬼）や悪霊、悪魔や墜落天使を呼び起こすものではありません。

魔法の最も大きな謎は、謎が全くないことです。謎は常に私たち

の周りで明らかにされています。ありふれたバラの開花、芝生の葉片、葉脈、葉が茂った木々から聞こえる風の音を観察すれば、魔法の本質について、何百冊もの埃っぽいルネッサンスの学術書を読むのと同じくらい、もしくはそれ以上のことを明らかにしてくれるでしょう。

　この本は、このような自然を使った魔法について書いています。鏡を使った魔術などは自然のものではないと思うかもしれません。しかし、自然は私たちが踏む固い大地や夕方の空に光り輝く虹のアーチだけではありません。

　自然は宇宙そのものです。パワーだけでなく、その現れ方もそうです。中には鏡のように人工的に作られたものもあるかもしれません。しかし、鏡の持つシンボル性で自然の力とつながり、関係性を持つのです。

　ますます機械化される時代に生きる私たちの多くは、命そのものを持続させ、支えてくれるこの地球から切り離されているように感じているようです。地球に対して、本当の意味での依存心を忘れ去っているようです。多くの人は、地球との自然な関係を無意識に断ち切っています。その結果、今日では個人レベルでも、世界レベルでも大きな混乱が生まれているといっていいでしょう。

　大地の魔法は、私たちが迎えている小さな危機の多くを整理し、処理し、解決するのに役立ちます。もちろん、世界の問題を簡単に解決してはくれませんが、私たちの生活に秩序をもたらすことで、解決の第一歩を踏み出させてくれるでしょう。

　魔術的な考えでは、人間の身体は「大宇宙」である地球の「縮図」です。地球は宇宙の縮図でもあります。要するに、私たちは、惑星の縮図であり、宇宙の縮図でもあるのです。つまり、自分たちを変

えることは、地球や宇宙を変えることを意味しています。

　魔法は、このように私たちの人生を、そして地球そのものを変える上で効果的です。

　魔法で起こす変化は前向きなものでなければなりません。この本には、悪意のある魔法や負の魔法については書かれていません。世の中には、十分過ぎるくらい負のものが既に存在します。

　全ての魔法やオカルト道、神秘主義的宗教の目的は、自分をより完璧な人間に導くことです。一度の人生の間に完璧な人間になるのは難しいかもしれませんが、自分を向上させることはできます。一歩踏み出せば、地球はもっと健全になるのです。

　砂にハートを描き、未来を垣間見るために鏡を眺め、困った友人を助けるために結び目を作るなど、この本に書かれた魔法を行う時は、高尚な目的を忘れないようにしましょう。あなたは、人間の手によってひどい破壊に苦しむこの世界を癒す手助けをし、世の中を改善しているのです。

　自然魔術を行う人が真に気高い理由がここにあります。

2. 魔法について

　魔法とは、必要な変化を起こすために自然の力を使うことです。
　魔術師は、エネルギーを引きつけて、呼び覚まし、ある方向に向かわせるために道具を使います。宝石が埋め込まれた短剣や光る銀の香炉といった高価な物かもしれないし、枝や石といった自然の物かもしれません。この本では自然の物を使います。石、木々、川、葉、植物に加えて、店で購入できる鏡やキャンドル、ひもがあれば、自然魔術に必要なものは揃います。
　これらの道具を巧みに操り、強い気持ちがあれば、あなたが変えたいと思っている事に必要なパワーを自然から得ることができるでしょう。見かけによらず魔法はシンプルで、驚くほど簡単なことを頭の片隅に入れておきましょう。
　もちろん、地面に石を埋めることや葉を手で持つこと、そして車の絵を描くこと自体は、何も起こしません。気持ちを込めた時に変化が起こり、本当の意味で魔法が行われたといえるでしょう。効果的な魔法のためには、3つの要素が必要となります。「願い」、「気持ち」、そして「知識」です。

3つの必要な要素

「願い」については、分かりやすいでしょう。ある朝起きると、治りそうにない、頭が割れそうな頭痛に苦しんでいるかもしれません。あるいは、月末までに100ドル必要になるかもしれませんし、友人が新しい恋を探しているかもしれません。どの状況にも「願い」があります。

「願い」は欲求とは違います。多くの場合、欲求は一過性のものです。ある朝抱いた欲求が、翌朝には違う欲求に変わっているかもしれません。欲求は単なる思いつきですが、「願い」は心の深いところで感じる大切なもので、そのことで頭がいっぱいになるものです。

同じように、「気持ち」も分かりやすいでしょう。例えば、仕事が必要という状況です。しかし、心配し、不安になり、イライラするだけで、仕事を探そうという気持ちがなかったら、世界中のどんな呪文も効かないでしょう。

他人のためにかけてあげる魔法が難しいのは、相手が感じている「気持ち」と同じような感情を自分が持てない限り、魔法がうまくかからないからです。

「知識」は、魔法の教えそのものを指します。魔法の呪文や儀式、またその裏にある基本的な理論を知って初めて、魔法を自分のものにできるのです。

呪文や魔法の儀式は、あることを成し遂げるための一つの方法でしかありません。それぞれの呪文の使い方は、色々な方法が何通りもあります。基本のルールは簡単なので、この本で解説していきま

しょう。

　「願い」「気持ち」「知識」の３つが揃い、そして経験と時間さえ費やせば、何でも可能となるでしょう。経験は鍵となります。魔法は、やってみて初めて、実際に効くかどうか分かるものです。

　魔法は、どこか見知らぬ橋を渡るのとよく似ています。最初は、安全かどうか確かめながら、軽く足をかけるでしょう。しばらくすると、どこを踏み、どこを避ければいいかを知り、自信を持って渡れるようになります。多くの人は、最初は疑いの目で魔法に臨みます。信じる心の準備はできているのですが、証拠がないから信じきれないのです。

　これは健全なことです。信じることも大切ですが、「知識」も大切です。信じるだけだと、本当は違っていたということもありえます。それに対して「知識」も加わると、完全に受け入れることができるようになり、実りとなります。

　不信感や誤解といった心のブレーキは、多大な努力と忍耐によってのみ取り除けます。多くの人は、魔法はそれだけ努力する価値があると感じています。しかし、これは本当にそれぞれ個人で決めることです。

魔法の道徳観

　魔法に道徳観？
　そうです。変化し続ける社会や個人の価値観や倫理といったものではなく、精神面における道徳観です。
　魔法は、前向きな効果のために使われるべきで、悪いもののため

に使われるべきではありません。病気や痛み、死を誘ったり、人の所有物を破壊、または傷つけたり、あるいは人を支配しようとすることは、負の魔法です。

　負の魔法とは、例えば、自分や誰か特定の人に恋するよう相手に無理強いしたり、自分とセックスするよう強要したり、結婚や恋愛をぶち壊したり、人の意志を曲げたり、やりたくないことを強要したりといった行為です。

　魔法は、思いつきで自分のエゴや自分勝手な衝動を満たすためのものではありません。悪の魔法を使う者には、危険が待ち受けています。こういった魔法は、何か変化をおこすかもしれませんが、その代償は大きいので、結果的に価値はありません。

　あなたが魔法に注ぎ込むものは、あなたにそのまま返ってくるという魔法の原則があります。役に立つ魔法を行えば、その恩恵を受けるでしょう。逆に、悪いことに魔法を使う魔術師には、災いしか起こりません。実行した者は、いずれ身を滅ぼすでしょう。

　この原則にのっとれば、悪意に満ちた魔法（よく「黒魔術」と呼ばれていますが）を行う理由などどこにもないはずです。本当にありません。納得がいかず、それでも行った者は、その行為に見合った結果を受けることでしょう。

　人の役に立つという魔法の性質が、魔法と、魔法を行う者を神聖にするのです。

　いつだって悪い魔法には信望者がいました。一時的な力を与えてくれることに盲目になり、手遅れになるまで光を見出せず悪の道に誘惑される人たちです。

　この本に書かれている魔法の中にも、破壊的なものが含まれているので、とまどうかもしれません。私たちのほとんどは、破壊を悪

と結びつけます。しかし、例えば悪い習慣や執着、病気など、負のものを破壊することは悪ではありません。誰も傷つけないどころか、むしろ人を助けるので、よい魔法といえるでしょう。

自分のための魔法

　自分のための魔法は自分勝手なものではなく、世の中をよくするためのものであるべきです。友だちのためなら魔法をかけるけれど、自分のためにはかけないという人々が大勢います。しかし、このような残念な考え方は、なるべく早く追い払いましょう。
　他人に愛してもらうことを期待する前に自分自身を愛さないといけないのと同じように、健康で、幸せで、経済的に安定していないと他人を助けることはできません。
　誤解してしまう原因の一部は、巷で使われている魔術によるところが大きいでしょう。自分を救えても、他人を傷つけるような魔法は、魔法の道徳から外れるので、避けた方がいいでしょう。
　他人を傷つけなくとも、自分や自分の人生を良くする方法があるはずで、魔法もその範囲で行われるべきです。自分のために魔法を使うことは自分勝手な行為だと思い込んではいけません。他人を傷つけない限り、そのようなことは決してありません。

他人のための魔法

　魔術を行っていることが人に知られれば、魔法をかけてほしいと

寄ってくる人も現れるでしょう。その人のために魔法をしてあげるかどうかを決めなくてはなりませんが、いくつかの要因をもとに決めましょう。

　他人のための魔法については、厳格な法則があります。自分が気持ちいいと思えば行ってあげ、気持ち悪いと思えばやめるべきです。

　また、魔法を頼む時に、理由を話したがらない人がよくいます。魔法をかけてもらうために、話を脚色する人や、明らかな嘘をつく人もいるでしょう。

　大切な友だちであっても、状況によっては真実を見せなかったり、真実をゆがめて大げさに言ったりすることもあるでしょう。そのような証言をもとに、存在しない問題をあなたが魔法で解決するはめになるかもしれませんが、それは全く時間と労力の無駄です。

　また中には、腕まくりをして取りかかればいくらでも自分でできることを、あなたに魔法で解決してほしいと頼む人もいるでしょう。言葉にならない意図や、隠れた真実、嘘、そしてごまかしを目の前にして、何ができるでしょう？

　そして、わからないことへの答えを導くためには、占いの助けを借りるのがベストです。

占い

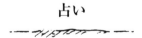

　占いは、分からなかったものが明らかになる、魔法のプロセスです。鏡、雲、茶葉、コーヒーの粉、タロットカード、埃や風など、無意識や精神、心の道具として使えるものならどんなものでも使っ

ていいでしょう。

　また、動く物やシンボルを通して、宇宙のパワーに未来を決めさせる占いもあります。

　占いは、ちらりと未来を垣間見せてくれるものです。精神を意識的に超自然の領域にもっていこうとする者には見ることができませんが。常に無意識で受け止めている、とりとめのない模様、反射、焦点や心の衝動が、心の意識下に流れ落ちて、その結果、知らせてくれるのです。

　また、魔術師か自然のパワーそのものが未来を告げるために動かす物を必要とする占いもあります。石、花、そして炎といった類いのものです。占いには、シンボルとこのような自然の物の両方を使うものもあります。

　ある状況をめぐる全体像を把握させてくれるから、占いは魔法において大きな役割を果たします。これは特に友だちがあなたに魔法を頼んでいる場合にいえます。占いで分かる、より完全な情報で、魔法を行ってあげるべきかどうか理性的な判断ができるのです。

　どんな魔法を行う前にも、そこに「願い」があり、「気持ち」が十分で、その「知識」が正確で正しいかどうかを確認するために占うべきであることを覚えておきましょう。

　しかし、厳密にいうと占いは魔法の疑問に答えるためだけのものではありません。人生で生まれる、毎日の悩みの道しるべとしても使えます。

　ほとんどの占いは簡単なので、練習を重ねれば結果を出せるでしょう。占いには色々な方法があるので、たくさん試してあなたにとって効果があるものを選びましょう。この本の中でも、様々な方法が登場します。

一つだけ注意点を挙げておきます。未来を覗くための占いは、起こるかもしれない事柄を表します。見えたものが気に入らなかったら、未来が現在になる前に、行動を起こして人生を変えましょう。

パワーハンド

　魔法は、身体から発せられたパワーを形にします。このパワーを呪文や儀式で使います。これこそが、私たちの身体を維持させている宇宙のエネルギーです。このパワーの一部が、魔法の最中に高ぶった感情によって放たれます。そしてあなたの「願い」を実現するために起こした他のエネルギーと共に放出されます。

　これらのパワーが放たれるのがパワーハンドです。字を書く方の手です。両利きの場合はどちらの手を使っても構いませんが、どちらか一つを選びそれだけを使いましょう。

　この手は、魔法の儀式的な行いで、何かを捧げ、持ち、投げるために使われます。

　特定の儀式に招かれた時は、字を書く方の手を使った方がいいでしょう。熟練していて、自然にエネルギーを解放する手だからです。つまり、「願い」を表したシンボルをパワーハンドで描けば、そのシンボルにはあなたのエネルギーが少し注ぎ込まれるでしょう。

　ここまで述べたのが魔法の基本です。

　魔法は世界最古の宗教だといわれています。もし、愛を込めて、自然のパワーを使って、いい変化をおこすことができれば、自然と一体になれるともいわれています。

このパワーこそが、神や女神として擬人化されたのだと思います。
　自然のパワーと調和することは、スピリチュアルな体験であり、あらゆる本物の宗教の基本となるものだと思われます。

3. 魔法のテクニック

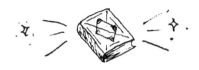

　自然魔術のテクニックはシンプルで、簡単に学べます。どれだけ熟達できるかは、練習に対する意欲のみにかかっています。他の何でもそうですが、通常魔法は練習すればうまくいくようになります。

　ここでは、この本で要求していることを簡潔に紹介しています。全ての教えをここにまとめることで、この本のあちらこちらで重複することを避けています。

　ここを読んで浮かぶ疑問に対しては、実際の儀式や呪文が登場する後半に答えを記しています。

シンボル

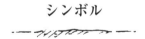

　潜在意識はシンボルを通して働くので、シンボルが表す意味を把握するために、これらのシンボルを解釈する能力を身につけなければなりません。

　あなたにとってシンボルが何を意味しているかは、本当のところ、あなた以外は分かりません。これらは、とても個人的なもので、あ

なたの無意識の思考からくみ取られるものです。他人のシンボルの解釈は完全に間違っている可能性もあるのです。

　しかし、伝統的なシンボルを見れば、シンボルがどのような役割を果たし、どう考えて解読すればいいのか理解するのに役立ちます。

　火を灯したら、炎が消えるまで待って炭を眺めてみましょう（7.「火の魔法」参照）。亀の形が見えてくるかもしれません。

　これがシンボルです。亀の形が表す意味は、この本に書いてありますし、シンボルについての他の本を読めば知ることができるでしょう。しかし、それは最もあてにならない解読法です。

　本を読む代わりに、シンボルそのものをよく観察しましょう。亀。まずどんなものが頭に浮かびますか。ゆっくり動く生き物？　もしかしたら水生の生き物を思い浮かべるかもしれません。固い甲羅から、外の世界を避けるために中に隠れる生き物。そして、何百もの卵を産むことから多産の生き物を想像するかもしれません。

　亀からかなり多くの連想が生まれました。次に、あなたが尋ねた質問と関連させてこれらの連想を検証しなければなりません。もしあなたがなぜ恋愛が長続きしないかを問うたのなら、あなたの恋に対する行動は退屈で動きが鈍く、世の中から引退した亀のようだと、あなたの無意識の心がいっているのかもしれません。

　あなたの質問に関連するシンボルだけに目を向けて下さい。そのうちに、答えが見えてくるはずです。

　もし質問を投げかけていなかったら、同じ要領でシンボルに関連した連想をあなたの人生に当てはめ、これから起こるかもしれない未来の出来事を当ててみましょう。答えが導き出せるはずです。

　これは時には難しいかもしれません。時間と労力が必要ですが、占いの全ての基本となるものです。シンボルや絵を手にしたら、**解**

釈しなければなりません。

　次のリストが、参考になることを願います。これらは、よく見られるシンボルの解釈の一つを提案しているに過ぎないことを覚えておいて下さい。あなたの意見と大きく違う場合は、自分の勘を信じて下さい。きっとあなたの意見が一番正しいでしょう。

- ACORN／どんぐり　……　男性、若さ、力

- AIRPLANE／飛行機　……　旅行、新しいプロジェクト

- ANCHOR／錨　……　旅、休息

- ARROW／矢　……　ニュース

- BASKET／かご　……　贈り物

- BABY／赤ちゃん　……　新しい興味

- BEES, HONEY COMB, HIVE／ハチ、ハチの巣、ミツバチの巣箱
  　……　産業、倹約、激務

- BELL／鐘　……　お祝い、結婚（鐘は新しいものを入れ、古いものを出す。また、苦労を鳴らしているかもしれません）

- BIRD／鳥　　　　……　超能力、飛行、動き、運動、幸運

- BOAT／ボート　　……　発見

- BOOK／本　　　　……　知恵

- BROOM／ほうき　……　清潔、女性らしさ、家庭生活、浄化、ヒーリング、後ろ向きな武力衝突

- BUTTERFLY／蝶　……　あさはかなもの、不必要なもの

- CAGE, PRISON BARS／おり、牢屋の鉄格子
  　　　　　　　　　……　制約、孤独、独居

- CAT／猫　　　　　……　知恵、知性、よそよそしい

- CAULDRON／大釜　……　変身、大きな変貌、女性、新しい始まり、そして終わり

- CLOCK／時計　　　……　死、あらゆる状況における時間、変化

- CLOUDS／雲　　　……　頭痛、精神的な問題、思考、考え

- COFFIN／柩　　　　……　驚くことに死を意味していません。その代わり、深刻ではありま

せんが、長くてうんざりする病気を暗示しています

・COW / 牛　　　　……　お金、繁栄

・CRADLE / 揺りかご　……　見知らぬ人

・CRESCENT / 三日月　……　すがすがしさ、新鮮、母、女性

・CORNUCOPIA / 豊饒の角（ギリシャ神話のヤギの角）
　　　　　　　　　　……　多産、守護、成功、動物、束縛

・CROSS / 十字架　　……　正十字の場合は、自然の力、エレメント、働いている大きなエネルギー、クリスチャン。他にも、宗教、慰め、苦難

・CROWN / 王冠　　　……　成功

・DISTAFF / 糸巻き棒　……　創造力、変化、セクシュアリティ、変身

・DOG / 犬　　　　　……　愛、友人、忠実

・DUCK / アヒル　　　……　富、豊富

・EGG／卵　　　　　……　増加、多産、幸運

・EYE／目　　　　　……　内省、点検、評価

・FISH／魚　　　　　……　セクシュアリティ、豊かさ、幸運
　　　　　　　　　　　　　に恵まれた予測

・FLAME, FIRE／炎、火…　浄化、変化、意志、支配、推進力

・GLOVE／手袋　　　……　幸運、守護

・GUN, PISTOL, RIFLE／銃、ピストル、ライフル
　　　　　　　　　　……　不和、災難、中傷

・HAT／帽子　　　　　……　ライバル、名誉

・HEART／ハート　　　……　愛、喜び

・HORNS／角　　　　　……　多産、信心深さ、スピリチュアリ
　　　　　　　　　　　　　ティ、自然の力

・HORSE／馬　　　　　……　強さ、旅行、優雅

・HORSESHOE／蹄鉄　……　幸運、庇護、旅行

・HOUR GLASS／砂時計…　用心

・HOUSE／家　　　　……　成功

・HUMMINGBIRD／ハチドリ……コミュニケーション、来訪者

・KEY／鍵　　　　　……　ミステリー、啓発、安全、繁栄、多産

・KNOT／結び目　　　……　兆候、妨害、結婚、結合、制限

・LADDER／はしご　　……　混乱、太陽、上昇、下降、発展、開始

・LION／ライオン　　　……　影響、王族、パワー、強靭さ、凶暴

・LOCK／錠　　　　　……　障害、守護、安全、無事

・MIRROR／鏡　　　　……　反対、月、女性、愛、反射、美、知識、移動、コミュニケーション

・MOUNTAIN／山　　　……　旅、妨害

・MOUSE／ネズミ　　　……　貧乏、盗人

・MUSHROOM／きのこ　…　避難所、食べ物

- NAIL / 爪　　　　……　痛み、苦悩

- OWL / フクロウ　　……　英知

- PARROT / オウム　　……　不作法、色彩、スキャンダル

- PEACOCK / クジャク……　贅沢、豪華、慢心

- PINEAPPLE / パイナップル……　歓待、楽な人生

- PINE CONES / 松ぼっくり　……　食べ物、生計、冬

- PURSE / 財布　　　……　利益、お金

- RING / 指輪　　　　……　結婚、束縛、永遠

- ROSE / バラ　　　　……　愛、失恋、人生の豊かさ、過去

- SALT / 塩　　　　　……　純粋、浄化、お金、安定、基盤、洗浄、ヒーリング

- SCALES / 秤　　　　……　バランス、正義

- SCISSORS / はさみ　……　口喧嘩、別離

- SHELL / 貝殻　　　　……　創造力、幸運、お金、繁栄、情緒

　　　　　　　　　　の安定

- SHIP／船　　　　　……　増加、旅、ニュース

- SKULL AND CROSSBONES／どくろ印
　　　　　　　　　　……　死、蘇生、慰め、安らぎ

- SNAKE／蛇　　　　……　知恵、永遠、男性らしさ、男性、秘密主義、知識

- SPIDER／蜘蛛　　　……　大きな幸運、抜け目ない、秘密主義、隠れているもの、お金

- SPOON／スプーン　 ……　幸運

- STAR／星　　　　　……　最高の運、神の加護、財産、富、高い名誉、社会的地位、成功

- SWAN／白鳥　　　　……　幸運、恋人

- SWORD／剣　　　　……　命、死、衝突、論争、負のもの

- TREE／木　　　　　……　幸運、自然の力、年齢、安定、パワー

- TRIANGLE／上向きの三角形 ……　幸運
　　　　　　下向きの三角形 ……　不運

- TURTLE / 亀　　　……　不活発、多産、後退、停滞

- WELL / 井戸　　　……　スピリチュアリティ、ひらめき、
　　　　　　　　　　　　母なる自然、愛

- WHEEL / 車輪　　……　季節、輪廻、完了、終局、永遠

　これらは、提案の一つに過ぎないことを覚えておいて下さい。あなたにとって星条旗が何を意味するのか、私が言い当てられないのと同じように、ヤギと聞いて私が個人的に何を連想するか、あなたは検討もつかないでしょう。シンボルの秘密は、自分の頭で考えて挑む者に、明かされます。

想像力と視覚化

　想像力は、人間が作り出した全てのものの起源です。魔法を行う上で、他の何よりも必要な道具です。

　シンボルをひも解くために、占いにおいても想像力は必要不可欠です（2.「魔法について」参照）。また、魔法を行う時に、必要なものを正確に視覚化するために想像力はなくてはなりません。

　想像力は、支離滅裂でとりとめのない心の状態ではありません。熟練した絵描きが絵の具と筆を使って1枚の絵を完成させるように、想像力はあなたに必要なものを作り出すために、まさにこの絵の具と筆と同じような使い方ができます。

　想像力は、思考をクリエイティブに使う能力です。「クリエイティ

ブ（独創的）」という単語は、「クリエイション（創造）」と関連しています。本当のところ、想像するものを「クリエイト（創造）」しています。あるいは、よくいわれるように、現実にはないものを視覚化しているのです。この視覚化が、魔法の基本の一つであり、これは想像力によって成し遂げられるのです。

この瞬間、行ったことがなくても、あなたは暖かいハワイのビーチを視覚化できるでしょう。また、タンポポや電話といったものも視覚化できるでしょう。

魔法では、想像力は「願い」を視覚化するために使われます。

もし、何らかの理由で、願うものが視覚化できない場合は、その願うものに関連するシンボルを視覚化してみましょう。平和だったら鳩、愛だったらバラといった具合に……。

スクライング

ありふれた占い方法の一つであるスクライング（水晶や鏡などに浮かびあがるものを解釈する占い）は、器、表面、あるいは素材をただ眺め、覗き込んで行います。この本にも、火から水まで多くのものを扱ったあらゆる種類のスクライングが登場します。

スクライングのコツは、リラックスすることです。緊張して座って、何かシンボルを探そうと目まぐるしく目を動かしても、失敗するだけです。

リラックスして見てみましょう。あなたに向かって何かが現れます。

単純すぎるように聞こえるかもしれませんが、本当です。うまく

いくものといかないものがあるでしょう。そのため、あなたにとって一番うまくいく方法を見つけるために、実際に実験してみることが必要です。

スクライングは様々なものを使ってできます。土の塊や小川のさざ波の形、今にも絶えそうな火の、光り輝く炭に見られる不揃いの模様は、意識を解放し、完全に無意識の状態になれば、あなたの質問に対する答えや未来を垣間見せるために、必要なシンボルをあなたの耳元でささやいてくるでしょう。練習することで、かなりの効果が期待できます。

集中力

魔法では、集中力が重要です。頭の中で他の情報や考えに邪魔されず、一つの考えやイメージ、絵を持ち続けることは、多くの呪文や儀式を行う上で大切です。

集中力によって保たれた考えには、大きなパワーがあります。例えば、木に葉を結びながら、自分の「願い」に集中すれば、頭の中で育てたあなたのパワーを呪文に与えていることになります。

世の中に与えることができるパワーの一例に、前向きな思考があります。電話や飛行機、電気など人間が作り出したものは全て思考から生まれたものであることは、皆が知るところです。その思考は、実行（創造）に移せる時まで、維持される（集中する）のです。

同じように、私たちはある思考（「願い」）を持ちますが、それと同時に、その「願い」をかなえる（創造する）ために、「気持ち」や「知識」を使います。きちんと「願い」に集中しなければ、「気

持ち」は崩れ、「知識」も役に立たず、パワー不足になり、最初からそのような魔法を始めなければよかったという結果になり兼ねません。

　集中力は、どのような魔法でも大事です。高速に進む私たちの世界で、集中することが苦手な人もいるのは確かですが、忍耐をもって単純な練習を続ければ、驚くべき効果がもたらされるでしょう。

　夜、他の人や光、騒音からも離れ、飾り気のない白いキャンドルの前で、心地よく座るか寝転がるかしましょう。身体をリラックスさせて、浮かんでくる考えを消しながら、キャンドルの炎を見つめます。数分間、何も考えずに暗闇の中で光るキャンドルだけを見つめることができたら、いい方向に向かっているでしょう。

パワーを感じる

　何のパワーでしょうか。家の中を巡る電気回線ではなく、魔法のパワーです。回転し続ける宇宙の、回転し続ける銀河系の、地球を回し続けているエレメントや風のパワーです。魔法の本当のエネルギーはこういったものです。

　このパワーを自分のものにする最もいい方法の一つは、記憶を使うことです。どんな時にも私たちにはパワーがあります。パワーによって、身体はきちんと動き、機能しているのです。食べ物によってパワーを取り入れ、身体活動や頭を使う作業、あるいは呼吸や瞬きといった単純な身体の動きを通して、パワーを放出しています。

　このパワーは、どんな時も私たちと共にあるから、たまにその存在を知らせてくることもあります。

ほとんどの人は雷を伴う嵐を経験したことがあるでしょう。空でギザギザに光る稲妻や下に叩き付けられるような雨と風、そしてとてつもなく大きい雷で震える空。このような嵐は、しばしば想像もしていなかったような反応を生み出します。

　自然が放つ無制限のパワーの光景を目の当たりにして、心配と興奮で背筋が凍ったかもしれません。背筋が凍るような特別に大きな嵐の記憶を辿ることができたら、その感覚を思い出してみましょう。その時を思い出し、嵐に対するあなたの反応を思い返してみましょう。エネルギーが充電されるのを感じ始めるかもしれません。脈と呼吸数が上がるかもしれませんし、身体が硬直し、汗をかき出すかもしれません。

　このような身体の変化は、あなたの身体を駆け巡るエネルギーが上昇している兆候です。

　魔法で使われるのも、このエネルギーです。前にも述べましたが、エネルギーの多くは、「気持ち」によって作り出されたものです。状況に対する感情的な反応は、時として常識を覆すほどの驚くべき結果を招くことがあります（例えば、子どもの足に乗った車を、持ち上げてしまうか弱い母親といったように）。あり得ないことかもしれません。しかしこういったパワーの高まりは、まだ科学によって発見されていない自然の法則によるものです。

　パワーを感じるのに「気持ち」は最適なので、嵐に対する大きな感情的な反応のようなものは、パワーを流し始めるのにしばしば役立ちます。

　もちろん、魔法を行う前に毎回雷を伴う嵐を体験するのは無理な話です。単純に、エネルギーを感じるために嵐を思い出して、緊張した筋肉や上昇する呼吸数や心拍数、そして場合によっては発汗を

起こす練習をしてみて下さい。

　一度その「気持ち」を感じ、また自分の意志に応じて感じられるようになったら、あなたの「願い」を満たしてくれる呪文を唱える間、パワーを放てるようになるでしょう。

　そのような状態で唱えた呪文は、通り一遍にやった場合と比べ、より効果を生み出すことが考えられます。

　繰り返しますが、パワーを放つために、「願い」をかなえる魔法に必要な「気持ち」を使いましょう。例えば、予期していない、あるいは放置されたか忘れ去られた請求書のために、500ドルが必要になったとします。呪文にあなたの気持ちの全てを注ぎ込みましょう。それと同時に、そのお金を自分の方へ引き寄せることができる、そして絶対に引き寄せるという確固たる思いでその「願い」を支えるのです。

　そうです。最初は簡単ではないでしょう。私のピアノの先生がよく私に言ったように「さあ、練習！」です。

4. 魔法のエレメント

　魔法のシンボルで表されるエレメントは、存在するもの全ての基本的な元素を指します。土、風(ふう)、火、そして水で構成される四大元素は、目に見えるのに目に見えず、物質であるのにスピリチュアルなものです。

　魔法的な考えでは、これらのエレメントによって、全てのものが構成されているといっていいでしょう。私たちが現在持っている科学的知識（そしてそれらはまだ発展途中と言われていますが）も、この考え方と衝突しません。むしろ、科学的知識はより洗練された四大元素の概念の解釈に過ぎないのです。

　四大元素を純粋に物質的な枠組みで捉えてしまっては、あさはかでしょう。大地、土のパワーは私たちが存在するこの惑星のものだけを指しているのではなく、土壌、基盤、そして安定という現象を指しています。同じように、火にも、炎以上の意味があります。

　これらエレメントの性質について詳しく説明しすぎてもこの本の目的とずれてしまうので、各々について簡単な説明をし、魔法上でなぜ重要なのか述べましょう。

　この本は、自然のパワーや、道具、シンボルを使って行う自然魔術についてのものなので、自然のパワーについて理解することは大

事です。そしてそのためには、エレメントを研究することです。

　四大元素の体系は、ルネサンス期に考案され磨かれましたが、そのルーツはもっと歴史を遡ります。あらゆる種類の魔法にとって、四大元素は秩序立てる役割を果たしてくれる便利なものです。また、別の観点から見れば、呪文や儀式に力を貸す、念じるパワーそのものとして見ることもできます。四大元素をどう解釈するかは、あなた次第といっていいでしょう。

　これから述べるのは、四大元素に関連した魔法やシンボルについての論議です。この本に登場する魔法の全ては、四大元素のどれか、あるいは複数の支配下にあるものです。存在するもの全てにこの法則は当てはまります。

　四大元素の理解は、あなたの魔法の大きな助けとなるでしょう。

　四大元素は「男性的」あるいは「女性的」と表現されていますが、性別の概念で解釈されるべきではありません。他の魔法に関連するものと同様に、象徴的な意味を表しています。簡単に理解できるように、四大元素の基本的な特性を表しているのです。火の魔法を行うのが男性的で、水の魔法を行うのがより女性的であるという意味ではありません。ただ単に、シンボル的に表しているのです。

土

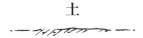

　このエレメントは、私たちの生まれた場所だから、私たちが最も親しみを持つものでしょう。土はただ単に物質的な土だけを表していません。安定的で、頑丈で、頼りになるものを表しています。

　土は、四大元素の基礎となるものです。基盤です。ほとんどの人

が、この土という領域で人生の大半を過ごしています。歩き、座り、立ち、腹這いになり、食べて、寝て、仕事をして、植物を世話し、預金の残高を計算し、料理している時は、土の領域で行っています。

土は、豊富、繁栄、そして富を表しています。四大元素の中で最も物質的ですが、ネガティブなものではありません。残りの3つのエレメントが拠り所とするのも土です。土なくしては、今ある命は存在し得ないでしょう。

魔法の世界では、土は、ビジネス、お金、仕事、あらゆる形の繁栄、安定、多産などに関する呪文や儀式を支配します。

土を用いた儀式には、あなたの「願い」を表す物を、誰も足を踏み入れたことのない小さな土地に埋めたり、「願い」を思い描きながら田舎道を何キロも歩いたり、土に絵を描くといったシンプルなものが含まれるかもしれません。

土は女性的なエレメントです。生命を育て、潤い、実のなるような性質が、女性的です。こういった特質により、数多くの文明が、大地を偉大なる地母神、または豊穣をもたらす自然の女性創造主として思い描いてきました。

土は、コンパスの北の方位を支配します。最も大きな暗闇、そして冬を司る方角だからです。色は、野原や植物の緑です。また、石やイメージ、木や結び目の魔法を支配するのも土です。

風

風は、知性を表すエレメントです。創造への第一歩となる思考の

領域です。

　魔法的にいうと、風は澄んで整っていて、ピュアなものの視覚化のため、変化への強力な道具です。また動作を表しており、思い描いたものを実現へと向かわせる推進力でもあります。

　旅行、指示、自由、知識を得ること、なくした物を発見すること、嘘を見抜く行為などに関連した呪文や儀式を支配下におきます。

　そして潜在意識的な能力を発達させるために使用することもできます。

　風に関連した魔法には、空中に物を置いたり、風のエレメントと物理的な接触をするために、山や他の高い場所から物を落としたりといった行為を含みます。

　風は男性的なエレメントです。乾いた、包容力のある、活動的な要素が強いからです。このエレメントは、分析したり、考えたり、熟考したりする学びの場で、秀でるでしょう。

　風は東を支配します。最も大きな光の方角、知恵と意識の光の方角であるからです。色は、太陽の色、そして夜明けの空の色である黄色で、季節は春です。

　風は、4方向の風の魔法、ほとんどの占い、集中力、そして視覚化を使う魔法を支配します。

火

　火は、変化、意志、そして情熱のエレメントです。魔法とは、変化のプロセスなので、ある意味、火にはあらゆる魔法の形が含まれています。

火の魔法には恐ろしいものも含まれます。結果も早く、驚く形となって表れます。心の弱い者が行うべきものではありません。しかし、最も原始的でもあるため、頻繁に行われています。

　火の領域には、セクシュアリティと情熱があります。セックスで燃え上がる「神聖な火」だけではなく、生きている者全てに宿る神々しい輝きでもあります。同時に、四大元素の中で最も物質的でもあり、精神的でもあります。

　火を使った魔法の儀式には、エネルギー、権力、セックス、ヒーリング、破壊（負の慣習のもの、病気）、浄化、進化などと関連するものを含みます。

　火の魔法は、人形やハーブ、または他の燃える物をいぶったり、燃やしたり、キャンドルや小さな炎を使ったりします。

　火の魔法は、暖炉の近くや、手つかずの自然の中でたいたたき火の近く、1本のキャンドルの炎の近くで行われることが多いでしょう。

　火は男性的です。最も暑い南の方位を支配します。色は赤、季節は夏です。

　キャンドルの魔法は全て、火のパワーの支配下です。

水

　水は浄化、無意識、愛、そして感情を意味するエレメントです。場所から場所へと流れ、常に変化する水と同じように、感情も絶え間なく変化します。

　水は、吸収と発芽を表します。昼夜問わず休むことのない海と同

じように、漂い、常に動いている潜在意識もこのエレメントによって表されます。

　水の魔法は、喜び、友情、結婚、多産、幸せ、ヒーリング、眠り、夢を見る行為、潜在意識的な行い、浄化などに関連するものです。

　水の儀式の多くは、物を水中に投げるか水の上に浮かべて完結します。

　水は女性的なエレメントです。色は、限りなく深い水の色を表す青です。西の方位と、土を洗浄してくれる雨が降る秋の季節を支配します。

　水の魔法は、鏡や海、霧や雨を用いて行われます。

　以上が四大元素です。じっくり勉強すれば一生かかるかもしれませんが、とり急ぎここまで述べたものが基本です。

　これらのエレメントを呼び起こし、直接働きかける必要はありませんが、魔法を行う時は四大元素を意識し、覚えておくことが大切です。

　実際どのようにしてエレメントを使って魔法を行うかは、次に続く第二部を読んでみましょう。

第二部
四大元素の魔法

PART II
Elemental Magic

5. 土の魔法

　地球は、私たちのたった一つの住まいです。神話によると、私たちは土から生まれ、死んだ者をその湿った大地に埋めて戻します。その表面からは、青々とした野菜や薬となる植物を抜き取ります。動物はその上でくつろぎ、その下には金銀や高価な石、石油まで埋まっています。つい最近まで、鳥以外の生き物は、一瞬たりとも土の表面を離れることはありませんでした。

　今日に至るまで、大地の女神たちは、母なる大地の形を借りて生きながらえてきました。21世紀の夜明けとともに、自然を大切に思う人たちによって、その神聖性が再び唱えられるようになりました。

　昔は、地球は存在しているだけで称えられました。今は、住まいとして、また生命を維持するものとして新たに崇められるようになりました。地球がなければ、私たちは死んでしまうでしょう。

　私たちの惑星を守るために環境保護の動きが起こっています。地球を離れ、宇宙から青い球体を眺めることに成功した私たちは、宇宙船地球号と地球を名付けました。地球は、ギリシャ神話に出てくる最古の大地の女神ガイアであり、母であり、故郷、そして私たちの全てです。ずっとそうでした。

何千年も前から宗教的、そして魔法的な考えから、土で色々なことが行われてきました。ここに登場する魔法や魔術は、そびえたつ山の形と同じくらい永遠のものです。土の魔法には、魔法のルーツが含まれています。土の魔法でなかったとしても、土の上で行われているものに違いないからです。
　手のひら一杯の、掘られたばかりの土を思い浮かべてみて下さい。肥えた土壌の豊かさをかいでみて下さい。白い粘土色から火山のような赤色、漆黒に至るまで、その鮮やかな色にも目を向けて下さい。これこそが、豊かな自然であり、命に必要なビタミンやミネラルの宝庫なのです。土は魔法の腕を磨くために、最高の舞台であるのは言うまでもありません。
　ここに記すのは、そんな魔法の一部です。

◆治癒の魔法
　土を使う治癒は、他のものに傷や病気を移して回復します。傷や病気は、魔法によって違う物体、多くの場合は、有機物に移され、埋められます。また、腐ることにより、傷や病気から解放されます。
　傷、または病気を取り除くためには、リンゴかジャガイモで、患部をこすりましょう。それからできるだけ素早く地面に穴を掘って、それを中に入れて土をかぶせましょう。これで終了です。
　ここで一つ覚えておきたいことは治癒の魔法は、従来の医療と平行して行われるべきものであり、医療の代わりとなるものでは決してありません。身体の治癒を手助けできるのは、その資格を持つ医者だけです。
　どうぞ、自分や友だちのために治癒の魔法を行って下さい。しかし、きちんとした医学的な治療の代わりにしてはなりません。今日

の医学は、昨日の魔法だったのです。

◆ 大地のベッド
　病気の場合、コンクリートや植物、葉で覆われていない裸の土を探しましょう。不純物のない新鮮な土です。
　土の上に座るか横たわりましょう。痛みや苦悩を感じ、それを引き起こしている身体的、感情的な問題が、あなたの下の大地に流れ込んでいくのを感じましょう。
　土のリズムを感じ、自然の安定した脈を感じます。あなたの心臓と同じリズムで鼓動しているのを感じ、あなたの身体全体がエネルギーで波打つまで続けます。
　それから、地面からあなたに向かって上昇してくる、冷たくて、深く、やわらかいエネルギーを感じましょう。立ち上がって、埃を振り払い、いつもと違う感じがするかどうか確かめます。
　寝たきりやその他の理由でこれができない時は、病室に新鮮な土を入れた皿か器を置きます。土は、癒しの波動を生み出すから、置いてあれば病の回復を助けるでしょう。
　最も簡単な方法は、病室に植物の鉢植えを置くことです。植物が本来持っている癒しの力を貸してくれるだけでなく（中でもアイビーは素晴らしく、周囲に調和します）、鉢の中の土も病人に力を差し伸べるでしょう。

◆ 悩みを解決する
　手のひら一杯の土を手に取り、眺めます。そこにあなたの悩みを注ぎ込みましょう。あなたを苦しませている悩みを全て、細かい細部まで出し切りましょう。終わったら、後ろに土を放り投げ、立ち

去ります。決して振り返ってはいけません。

◆土の魔除け
　小さな緑色の四角い布に、少しばかりの新鮮で肥沃な土を入れて閉じます。きつく結んで、土がこぼれないようにしましょう。
　心の平穏や自己コントロールに問題を抱えている場合は、これを持ち歩きます。人生を感情で振り回される傾向が強い場合や、いつも怒ったり心配ばかりしたりしている場合は、このお守りが助けてくれるでしょう。

◆土のスクライング
　小さな平らな皿に、少なくとも直径17センチ以上の土を入れます。リラックスして座り、土の表面だけでなく、中を眺めましょう。
　そのうちに、土から浮かび上がるシンボルに気づくでしょう。

◆土の瓶のお守り
　長く小さな瓶に、新鮮できれいな土を入れます。上まで入れて、ふたをします。悪霊が家に入るのを防ぐため、玄関の近く、できれば窓辺に置きましょう。
　昔は、悪霊は家に入るために瓶に入った土の粒を数えなければならず、土は悪霊を混乱させてくれるものと考えられていました。
　今では、悪霊は大きな塊となって地球を浮遊する負のものと考えられています。この負のエネルギーは、あなたの家に入り込むことができます。土の瓶は、家に負のエネルギーが入るのを防ぐのに役立つでしょう。

◆子供を守る

　あなたがいない間、子どもたちを守るためには、子どもたちが去って行く後ろから、こっそり手のひら一杯の土を彼らに向かって投げます。これで、子どもたちの安全は確保されたでしょう。

◆長期的な土の魔法

　ガーデニングが得意で、「願い」がかなうまで何か月も待ってもいいという場合は、この魔法は理想的です。

　あなたの「願い」に関連するシンボルを含んだ植物の種を手に取ります（付録のⅢ参照）。土の入った植木鉢か、特別な土地の上で、種をパワーハンドで持ち、「願い」を強く視覚化しましょう。

　種に話しかけます。なぜ助けが必要か、種に伝えます。それから、愛情深い励ましと水を与えながら、種を植えます。発芽したら世話をし、無関心や不注意で枯れてしまわないように気をつけましょう。枯れたら、「願い」はかないません。少なくとも、あなたが新しい魔法を行うまでは。

　植物が健康に、幸せに育ったら、あなたの「願い」がかなえられるのを期待していいでしょう。かなったら、魔法の植物の面倒をよくみます。あなたの「願い」を象徴しているだけでなく、今となっては、あなたが「願い」をかなえるために、この世に送り出した、成長する生き物だからです。

　あなたには植物を育てる責任があります。面倒を見れば、あなたにだけ土の魔法の秘密を教えてくれるでしょう。

◆その他の方法

　準備した土地に、あなたの「願い」を象徴するシンボルやルーン

文字（付録のⅡ参照）の形に、魔法に適した植物の種をいくつか植えます。

　植物の世話をしましょう。初めて種が発芽したら、パワーハンドのひと差し指を使ってシンボルの周りの土に円を描きます。生命をもち、日々育つ、あなたの「願い」を象徴するシンボルの前に静かに立ち、頭の中で瞑想します。この世に植物が姿を現すと共に、あなたの「願い」もかなうでしょう。

6. 風(ふう)の魔法

　もし空気がなかったら、地球は生命体のない惑星になってしまいます。私たちが知る命は、幸運にもこの惑星に満たされている気体の組み合わせがなければ存在し得ません。

　空気は目に見えませんが、生命には欠かせないものです。命を持続させるために必要なだけでなく、しばしば私たちの生活に劇的な影響を与えます。目に見えない上にあまりに強力だから、風(ふう)は大昔から魔法や呪文をかけるのに使われてきました。また、風に乗って、世界中の人々の民話や神話に入り込んできました。

　ここで登場する魔法や魔術は、風(ふう)のエレメントのパワーを使います。ほとばしる風を視覚化してもらえればいいと思います。多くの魔法は、それ自体に風やそよ風を必要とするものです。風をコントロールする魔法もあります。

　一つ注意した方がいい点は、風そのものと同じように、風(ふう)の魔法は予測不可能なことです。

様々な風

　何世紀もの間、4つの方角で、人々は風を4種類に分けてきました。北風、東風、南風、そして西風です。それぞれが独自の魔法的な長所を持ち合わせているので、特定の魔法はそれに適した風が吹いている時に行うといいでしょう。
　これは、難しく感じられるかもしれませんが、そんなことはありません。魔法を行う上で風を見ることは、月の満ち欠けを見るのと同じくらい簡単です。ただ、風の「相」はそう長くは続かないことを覚えておいて下さい。
　一番いいのは、吹き流しか風向計を立てて風向きを見極め、魔法に合った正しい風を待って調整することです。
　通常、午前中いっぱいずっと安定した北風が吹いているなら、西風を待っても無意味でしょう。自然の動きは、私たちの行動をコントロールするためにではなく、導き、助けるためにあります。あなたの気が向く時に風向きをチェックすればいいでしょう。
　次に紹介するそれぞれの風についての解釈ですが、完全なものではないことを頭の片隅に入れておいて下さい。世界のどの地域かによって、風の特質も違ってきます。ここでは、北アメリカやヨーロッパで好まれる風の特質について書きます。あなたの地域の気候や場所、天気模様によって、ある程度調整が必要かもしれません。
　少なくとも4つの風は、表面上はエレメントに関連していることは覚えておきましょう。しかし、風の個性に合わせて、それぞれのパワーがあります。
　一つ大事な点は、例えば、北風は北に向かって吹く風ではなく、

北から吹く風のことを指しているので気をつけましょう。

◆ 北風

　北風は死の風です。しかし、必ずしも身体的な死を意味していません。永遠に普遍的な法則である「変化」を表しています。ここでいう「死」は、ネガティブなものを除外することです。

　北風は魔法の世界では、冷たいものです。土地に雪が覆う冬の方角から吹く風です。「乾燥し」、不毛な北風は、破壊の魔法に道を開きます。

　使い方は？　もし憂鬱で心配で、妬んでいて、嫉妬していて、怒っている時に北風が吹いていたら、風に向かって顔を真正面に向け、これらの感情を解き放ちましょう。

　悪い習慣を断ち切ろうとしているのなら、北風の中でそれに効く魔法を行えば、よりパワーを得られるでしょう。

　夜、死、深い雪と縁が深い上に冷たい北風は、同時に土のエレメントの風でもあるため、土の要素をいくらかもっています。しかし、乾いた北風は、ヒーリングの魔法には効き目はありますが、繁殖力や繁栄の魔法には向きません。

　色は、真夜中の黒です。

◆ 東風

　東風は、新鮮さ、再生された命、強さ、パワー、そして知性を表しています。太陽と月、そして星が輝きながら姿を見せる地点から吹いてくる、暖かい包み込む風です。

　そのため、始まりと縁の深い風です。北風の働きの結果起こった、新しい現象を引き継ぐ風でもあります。太陽の熱と創造のきらめき

を持ち合わせています。

　東から風が吹いている時に行うと特にいい魔法は、ふるまいを劇的に進歩させたり、いい方向に変化させたりといった類のものです。また、東風の魔法は、思考に関連するものや、魔法的に縁の深い風のエレメントに関するものが適しています。

　知的な愛を望んでいない限り、愛の魔法は、東風で行ってはいけません。しかし、知的な愛も悪くはないのかもしれません！

　東は日の出と光の方角だから、色は白です。

◆南風

　南に旅すればするほど、暑くなります。少なくとも、赤道の北側では……。だから、南風は熱い炎のような風です。

　シンボル的には、太陽（あるいは月）が空で最も高い位置にあり、１日の中で最も光があり、気温が高い正午を支配します。南は火のエレメントと関連しているため、魔法も同じような分野のものが適しています。その一方で、南風が吹いている時はどんな魔法にも向いています。呪文を唱えるには最高のタイミングです。

　この風は強くて熱いので、南風の中で行われた魔法は、もう一つパワーを加えてくれるでしょう。南風の中での魔法は、いつも刺激的で面白い！

　しかし、警告しておかなければなりません。南風の魔法で使う弱い火であろうと、火は危険です。知っての通り、火には燃やす力があります。

　南風の色は？　正午の太陽と同じ黄色です。

◆西風

　西風は、冷たく湿っています。大地の上を吹くその風は、少し雨や霧を含んでいることもあります。そのパワーは肥沃で愛に溢れ、やわらかく、説得力があります。

　シンボル的には、全てが停止する、たそがれ時を支配します。夜と昼が混ざり合った、くすんだ空の色が広がり、そよ風が吹く時間帯です。日の入りは日の出と同様、魔法には最適です。正しい風が吹いていたら、なおさらです。

　愛、ヒーリングや繁殖力などを司る水の魔法は、その方面から力とエネルギーを送るので、西風に最適です。特に浄罪の魔法や、純粋に宗教的な儀式の魔法に向いています。南からの乾いた熱い風の後には、嬉しい安堵です。

　西風の色は、空から全ての光がなくなる直前の空の青です。

◆風を読む

　すでに書きましたが、風を読む一番いい方法は吹き流しか風向計を利用する方法です。特に風向計は、値段が安い上に、すぐに作れて、何よりも正確です。

　45センチほどの、厚くてやわらかい布（または、お好みであれば長い清潔な靴下）を手に取り、あなたの敷地内で適した場所を探して掲げましょう。風を邪魔するかもしれない建物や木々が周りにあってはいけません。できれば敷地内、それも家から見える場所に立てられれば理想的です。

　そういう場所がなかったら、屋根に立っているアンテナで代用しましょう。アンテナ（あるいは、風を受けるだけの高いポール）に布をしっかり結びましょう。風で布が吹き飛ばされたり、ポールの

下の方に落ちてきたりしないように注意しましょう。

　さあ、方位を確認し、風を待ちます。風が吹いたら布は反対の方向になびくでしょう。つまり、布が南になびいていたら、北風が吹いているということです。

　家から風向計が見える位置にあったら、それを見て、風向きを判断し、それから魔法にとりかかればいいでしょう。

◆ 4つの風に呼びかける

　多くの魔法、そして儀式は、風に呼びかけることで始まります。頻繁に風と共に魔法を行っている場合は、特にそうです。

　風に向かって呼びかけたり、祈ったりする考え方は、少なくとも古代ギリシャ、あるいはもっと前に遡ります。あなたの魔法に力を貸してくれるよう4つの風の力を集めるだけでなく、あなたの意思を世界全体に表示するのです。これは、結果的に、世界全体を相手にしているのと同じことになります。

　風のパワーを集結させて、助けを借りることは、どんな魔法を始める時にもおすすめです。では、どのようにやるのでしょう？

　魔法を行う場所で（理想的には屋外で）、魔法に必要なものを全て揃えたら、北に向かって次の言葉を唱えましょう。

北風よ！
速くて、偉大なる風！
どうか私の魔法に力を貸して！

東に向いて、次の言葉を唱えましょう。

東風よ！
光輝く風！
どうか私の魔法に力を貸して！

南に向いて、次の言葉を唱えましょう。

南風よ！
激しく明るい風！
どうか私の魔法に力を貸して！

それから、西に移動して次の言葉を唱えましょう。

西風よ！
優しく陽気な風！
どうか私の魔法に力を貸して！

　4つの風の太古からのパワーに、あなたの魔法が見守られているのを感じながら、さあ、魔法を進めましょう。

一方向の風で魔法を行う

　一方向の風で魔法を行う場合は、始める直前にその方向を向き、その方角に呼びかけてみましょう。しばらく立ったままでいます。あなたの魔法の呼びかけによってその方角から吹いてくる風を感じ（想像の中だけだとしても）、風が力を増しながらあなたに向かって

くるのを体感しましょう（4方向全ての風に呼びかける時に、これをやってもいいでしょう）。

それから、魔法を始めます。

風（ふう）の魔法

　風（ふう）のエレメントに関連する魔法について記します。実行しやすいように、それぞれの魔法に適した風を記しました。しかし、これらの魔法を行うにあたって、その風が吹くまで絶対に待たなければならないということではありません。

◆悩みを結ぶ（北風）

　風が気ままに吹く場所にどっしりと生えている茂みや低木で、できれば枯れているものを探します。まだ地面から生えているのが理想的です。あなたを苦しめている悩みの数と同じ数だけの葉っぱを、枝の先に結ぶか押し付けるかしましょう。葉っぱを結ぶ場合は、自然の繊維のひもを使って緩く結びましょう。

　これだけやれば、北風が吹き、場合によってゆっくり結び目を解いて葉っぱを自由にするかもしれません。それによって、エネルギーを発し、あなたを苦しませている悩みを和らげてくれるでしょう。

　この魔法は、数分では終わりません。場合によって、数日、時には数週間かかることもあるので、呪文を言い終わったら茂みを離れましょう。その場で待っていたら、風は起こらないかもしれません（もちろん、強い北風が吹いている時にこの魔法を行ったら、幸先

いいでしょう！）。

◆愛の鐘（西風）

毎日、ほとんど1日中開いている窓に、美しい指輪と一緒に鐘を吊るします。窓から風が吹くといいでしょう（西風が望ましい）。
その時に、次の言葉を唱えましょう。

小さな愛の鐘よ
そよ風や風に、私の愛の祈りをささやきながら
これを吊るす

小さな愛の鐘よ
あなたの兄弟姉妹に私の愛の祈りを伝えて

小さな愛の鐘よ
どうか優しくささやき、耳を傾けてくれる人を
寄越して下さい

鐘は、鳴る度に、あなたの愛の祈りを「ささやいて」います（呪文の中の「兄弟姉妹」は、魔法にパワーを加える他の鐘を意味します）。

◆恐れに打ち勝つ（南風）

屋内で黄色いキャンドルを灯し、しばらく静かに瞑想をしながら座ります。キャンドルの炎があなたの恐れや心配を吸い込むのを感じましょう。見つめていると、キャンドルはそれらを吸い込んでく

れます。キャンドルを屋外に持って行き、風がその炎を消すまで待ちます。これで終わりです（この魔法を行う前に、必ず外で風かそよ風が吹いているのを確認しましょう）。

◆不在の友だちとコミュニケーションを取る（東風）

外に出て、その友だちがいる方角を向きます。分からなければ、北から始め、それぞれの方角で行いましょう。

腕と手を伸ばし、はっきりとした、でも優しい声で相手の名前を呼びます。相手の外見を視覚化します。もっと力を込めてもう１度相手の名前を呼びます。３度目は、かなり大きな声で呼びかけます。

次に、直接話しているかのようにメッセージを伝えましょう。これは短くて正確なものでなければいけません。終わったら、答えに耳を傾けます。想像してはいけません。聞くのです。

練習すれば成果が上がるでしょう。また、関係が近い友だちとの方がうまくいきます。

◆決断する（東風）

たくさんの選択肢で迷っていたら、小さな紙に選択肢を一つ一つ書き留めます。紙を２度折って、柔らかいそよ風が吹く所に、独立して立つテーブル（例えば、壁などに隣接していないテーブル）にそれらを並べます。

風によって紙はテーブルの上を動きまわり、落ちるでしょう。机に残った最後の紙（あるいは、最後に落ちた紙）に書いてある内容に、従うべきです。

風を決める

　これまで述べてきた通り、風の魔法には2通りあります。一つ目は、今まで述べてきた魔法のように、正しい風を呼び起こす、起こさないに関わらず、風のエレメントに対して行うもの。もう一つは、風のエレメント以外の魔法に、ついでに風の力を借りて全ての風、あるいは特定の一つの風に呼びかけるものです。
　魔法の際に、風に呼びかけたいけれど、どの風が適切か分からない時は、次の魔法がいいでしょう。
　不燃性の容器の中や場所を使って、小さな火を起こします。木はどんなものでも構いません。あるいは、炭をいくつか使って、火をつけましょう。
　次に、火が明るく燃えるか、炭が輝き始めたら、煙を起こすために木や低木の緑の枝を火か炭の中に投げ入れます。火から煙がしっかりと上がるでしょう。ここまできたら、火は重要ではありません。大事なのは煙です。
　どちらの方角に煙が動くか煙をよく観察します。すぐに一定の方角に傾くかもしれませんし、上に真っすぐ向かうかもしれません。煙が真っすぐ向かったら、傾くまで眺めましょう。煙の傾く方角が、その魔法に合った風です。
　この通り、少し手間がかかりますが、効果はあります。
　その場所を離れる前に、砂や水で火が安全に消されていることを確認することを忘れないで下さい。

風を起こす

◆出帆のための風を呼ぶ魔法

　出帆するために海で、あるいは陸地で風を起こすために行われる方法です。腕ほどの長さの古い生皮のひもに、端から7センチほどのところに結びを作ります。そこから15センチ離れたところに2番目の結び目を、そしてさらにそこから22センチ離れたところに3番目の結び目を作ります。

　呪文をかけるために、結び目をほどきます。

　やわらかいそよ風がほしい場合は、最初の結び目をほどきます。波や葉や芝生が、風になびく姿を思い浮かべながら、集中します。

　もっと強い風を求める場合は、2番目の結び目をほどきます。船の帆を進めるしっかりとした風に意識をやります。

　強風がほしい場合は（気をつけて！）最後の結び目をほどきます。大きな嵐や激しく吹く風を想像します。

　これで終わりです。

◆風を起こすためには

　まず、季節に合った方角を見ます。

　　冬は、北風の方角

春は、東風の方角
夏は、南風の方角
秋は、西風の方角

適切な方角を向き、長い、つんざくような口笛を吹きます。口笛の最後は、ピッチを下げます。これを3回繰り返しましょう。

風を呼び起こす最も適した時間帯は日の出です。

◆複数の風を起こすためには

手のひら一杯の砂を、何杯も空中に向かって放り上げる。3回目か4回目になる頃には、風が吹き、手の中の砂を拾い上げているでしょう。この魔法を行う時は、質のいい清潔な砂を使いましょう。

◆風を止める

4方向の風を表す、できれば白、青、黄色、そして黒の4色の羽を集めます。太いひもでこれらの4枚の羽を固く結びます。ボウルの底にこれらの羽を置き、完全に見えなくなるまで塩で覆います。

これによって風は縛られるので、和らいでくるでしょう。

◆嵐を止める

野原に走って行き、地面にナイフを突き刺します。尖った端は、これからくる嵐の方角に向けます。ナイフは、「風を裂く」と言われているので、嵐はあなたのいる地域を避けるでしょう。

◆海岸で風を起こす

長い海藻を手に取り、頭上で円を描きながら口笛を吹きます。

7. 火の魔法

　火は、ずっと宗教的に畏れられてきました。常に形を変え、色を変え、熱や光を放ち、物資的にも変化する火は、まさに魔法で作られているものといっていいでしょう。

　火をおこすことを覚える前は、暗闇の世界だったに違いありません。火打石と摩擦でもって、人間は神々しいものを手に入れ、世界を永遠に変えました。

　いわゆる火炎崇拝は、一般にセックスの神秘的な崇拝の、上品な婉曲に過ぎませんが、その一方で火を神の象徴として崇拝してきた宗教も少なくありません。純潔な処女たちが絶えず見守るローマの祭壇の永遠の炎については、誰でも聞いたことがあるでしょう。今日でも、ユダヤ教のシナゴーグ（ユダヤ教の会堂）は永遠の炎を維持していますし、ジョン・F・ケネディの墓のように、これと同じことを行っている墓まであります。

　現代を生きる私たちの多くは、火の宗教的な重要性などすっかり忘れていますが、世界の主要な宗教の祭壇に、その証拠がしっかり残っています。キャンドルの炎なしでは、カトリックの祭壇は成り立たないでしょう。キャンドルの輝く炎も、寂しい山頂の荒れ狂うたき火も、魔法に使用できる、パワー溢れるものです。

パワーがみなぎるエレメントだから、昔の人たちは火を崇拝していました。祭壇に燃えるキャンドルが置かれるのは偶然ではありません。光輝く香炉の中で煙る乳香や、信者の祈りと同じように、キャンドルの炎も儀式に自らのエネルギーを放ちます。

　キャンドルの魔法は、最近また非常に人気になりつつあります。人気の秘密は、シンプルで効果があるところかもしれません。火の魔法の中で唯一手が届きやすいものですが、火の魔法は他にもたくさん種類があることは皆の知るところです。ここでは、その他の火の魔法について述べたいと思います（キャンドルの魔法については13.「キャンドルの魔法」参照）。

　火の魔法は、安全に火がおこせる場所であれば、どこででもできます。屋内、あるいは屋外の暖炉、バーベキュー、何もない地面の一角、または煉瓦や石で囲んだ穴など、安全に火をおこし、一人になれる場所ならどこでもいいでしょう。

　魔法によっては、複数の火が必要となります。激しい炎や連続した炎が必要となるケースもあります。燃料は、清潔で、乾いていて、多すぎなければどんなものでも構いません。（火の魔法にパワーを加えたかったら、10.「木の魔法」を参考にして、木の種類やそれぞれが放つパワーについて学びましょう。自分で木を切った場合は、木に言葉をかけて、感謝し、地面にお供えをすることを忘れずに）。

　激しい気質から、火の魔法は砂漠で行うのが一番向いていますが、他の場所でも大丈夫でしょう。

◆ 浄化

　ある習慣、思考、考え、昔の関係、罪悪感、あるいは妨害から解

放されたいと思っている場合は、その問題を象徴しているものを何でもいいので手に取り、荒れ狂う火の中に放り込みましょう。火は、それらをのみ込むと同時に、あなたを操っていたパワーをものみ込んでくれるでしょう。

　象徴するものを思いつくために、少し時間をかけましょう。食べ過ぎてしまう場合は、大好きな食べ物の一部を手に取り、火に放り込みます。煙草やお酒も同じです。形のある物体がない場合は、シンボルや絵を描いて燃やすといいでしょう。

◆ 火のお守りの魔法

　最低でも直径6メートルある開かれた場所で、十分な木、マッチ、そして大量の水を用意しましょう。木の枝を一つ手に取り、直径3メートルの大まかな円を描きます。方位を調べ（コンパス、あるいは太陽、月、星々を使って）、円の中で、北、東、南、そして西の各々の方角の先に小さなたき火を用意します。

　しかし、まだ火はつけません。それぞれの隣に、最低でも30分燃やし続けるための燃料を置いておきます。

　最初に南に向かって歩き、次の言葉を叫びながら、火をつけます。

南からの何者も、私を傷つけることはできない！

　西に移動します。
　火をつけて言います。

西からの何者も、私を傷つけることはできない！

北でも火をつけて言います。

　北からの何者も、私を傷つけることはできない！

　最後に、東へ行って火をつけて言います。

　東からの何者も、私を傷つけることはできない！

　南のたき火から燃える枝をサッと拾い、頭上の空に向かって放り投げて言います（燃えたぎる灰や火の粉に注意）。

　上からの何者も、私を傷つけることはできない！

　次に、燃える枝を下の土に投げながら言います。

　下からの何者も、私を傷つけることはできない！

　南のたき火に枝を戻し、たき火を眺めながら円の真ん中に座りましょう。必要であれば、燃料を足します。
　あなたを傷つける目的で近づいてくるあらゆるものを、火が燃やしてくれているのを感じましょう。あなたの周りで燃えている火の形や、火の熱を感じ（かなり厳しいものかもしれません）、その光、そして守ってくれる効力を脳裏に焼きつけておきます。
　火が鎮まり、パワーも引いていくのを感じたら、土や砂で火を埋め、水をかけて消し、地面に描いた円も消します。
　その場を離れます。しかし、あなたが身体的及び精神的に守って

ほしいと感じる時に呼び起こすことができるように、火のついたお守りの円を心に留めておきます。

　この儀式を屋外でできない場合は、4本の大きな赤いキャンドルをたき火の代わりに使います。4本のキャンドル全てに火をつけ、言葉を唱えるところまで、今まで述べた魔法と同じ要領です。

　次に、南のたき火から燃える枝を取る代わりに、その方角にあるキャンドルを手に取って、注意深く頭の上に持ちます。言葉を唱え、それから床にキャンドルを置いて言葉を言います。儀式が終わったら西のキャンドルから順番に、キャンドルをもみ消します（絶対に息で消してはいけません）。

◆火占い

　火をおこし、どれだけ素早く木が燃えるか観察します。すぐに火がついたらいい知らせです。占いを続けましょう。

　中々火がつかず、小さな枝をつけるのにも何本もマッチが必要な場合は、中止して別の時にまた試みます。直ちに火がついたら、訪問者がこちらに向かっている合図だと言う人もいます。また、中々つかない場合は、雨が降るという人もいます。

　一度火が燃え始めたら、炎を注意深く見てみましょう。一方に炎が傾くようだったら、愛の予感がします。パチパチとたくさん音がするようなら、不運の訪れです。守りの魔法を行いましょう。

　炎の中にはっきりとしたくぼみが見られる場合は、あなたを悩ませている問題の終焉を意味します。

　明らかに理由もないのに、火が突然煙突や空中を駆け上ったら、もうすぐ口論が起こるかもしれません。言葉に気をつけましょう。

　火が煙突の後ろ側や、屋外で空中に激しく舞い上がったら、大事

な知らせが向かっていることを告げています。

　また、愛する者が家から遠く離れていたら、火かき棒で火をつついてみましょう。火が上に向かっていったら、相手が元気で無事、そして幸せでいる印です。

　最後に、3つの炎の束が生まれ、別々に燃えたら、もうすぐあなたの人生で重大なことが起こることを知らせています。

◆その他の火占い

　火が鎮まり、光る赤と白の炭の塊になったら、その中心を覗いてみましょう。もし望めば大天使アズラエルの炎のお香（同量のシーダー、ジュニパー、そしてサンダルウッド）を炭に振りかけても良いです。パッと燃え上がりますが、すぐに鎮まるでしょう。

　占いのお香からかぐわしい煙が上がったら、炭で占ってみましょう。炭になった木がどんな形をしているか観察し、シンボルを使ってその意味を探ってみます。

◆樹皮占い

　平らで薄い樹皮を手に取ります。それを燃え盛る火に入れ、火がついたらすぐに火から離します。

　燃え終わったら、焦げて灰になった木から読み取れるシンボルを慎重に観察します。

◆治癒のために

　できればオークの木を燃やして火をおこします。木の大部分が、光輝く木炭になったら、トングかシャベルで用心深く一つ拾って、すぐに小川か冷たい水の入ったポットに入れましょう。「ジュー」

そして「ポン」と音を立てるでしょう。それと同時に、病人の身体から病気が去るのを視覚化します。この動きを、3回繰り返します。

◆ 人と交流するために

郵便で本当に送るかのように、遠くにいる友人に手紙を書きます。次に、非常に熱い火をたいて、相手の顔を想像しながら手紙を火に投げ込みます。相手から返事がくるでしょう。

◆ 太陽と虫めがねの魔法

悩みやあなたの人生に悪影響を及ぼしているものの絵を1枚の紙に描きます。明るい晴れた日に虫めがねと手紙を持って屋外に行きます。紙を耐熱性の物の上に置き、パワーが紙の中心に集中するように虫めがねを持ちます。紙が燃えると共に、次の言葉を唱えます。

虫眼鏡を通した、太陽の明るい光
悪意のある不幸を飛び立たせよ
もう私や私のものに危害を加えないで
立ち去れ！　この合図とともに命令する

問題は解決するでしょう。

◆ 火事除けのお守り

火事の壊滅的な破壊行為から家を守るために、ミスルトーを少し青色のきんちゃく袋に入れ、冷たい透明な水に袋ごとしっかりつけて、すぐにあなたとあなたの家族がほとんどの時間を過ごす、家の「心臓部」に吊るします。

または、木に火をつけて灰になるまで燃やします。灰を濡らした後乾かし、青色のきんちゃく袋に入れて吊るしましょう。これで終了です。

8. 水の魔法

　何世紀もの間、私たちは水に魅了されてきました。空気の次に極めて重要なものです。この依存関係が、ある意味水を神聖なものにしているといっていいでしょう。私たちを維持しているのは水です。それ故、昔の人は水を神聖とみなしたのです。
　水の魔法は、謎めいた、そして命を与える性質を活かし、様々な占いや魔法、儀式で行われています。ここにいくつか記しましょう。

水占い

　古くから続いてきた最も心地いい、リラックスできる占いが、水占いです。水晶占いはほとんど皆知っていますが、その前身を知る者は少ないようです。
　これには、三つの基本の形があります。全て同じ魔術を使いますが、視点が異なります。それらは、

１．川や小川といった流れる水を眺める

2．湖、または海の表面にちらちら光る太陽を眺める
3．物に映る、太陽が作った水の影を眺める。ボートや船、近隣の建築物など、どんな物に映る水の影でも構いません

　ぴったりな場所は、少し探さないと見つからないかもしれません。3番目に関しては、どうしてもない場合はプールで代用していいでしょう。しかし、いい場所を見つけられれば、もう難しい部分は終わっているも同然です。

　座りやすい場所を見つけます。リラックスして、起きている間中、ずっと頭を駆け巡る何千もの考えを落ち着かせましょう。優しく、まぶたをリラックスさせて（しかし閉じてはいけません）水を眺めるか、ダイヤモンドのようにちらちらと踊る太陽や、太陽の光によって水に浮かび上がった影を眺めます。

　思考は全て消し去ります。特定の質問に対する答えが欲しい場合は、この夢心地な状態に入ったら、水を眺めながら質問をしてみましょう。すぐに答えが浮かばなかったら（意識的に送ってしまう、自分が求める思い通りの答えには騙されないで）、一度やめて数分してからまたやってみます。

　不在の友だちやなくし物について尋ねる場合は、頭の中でその人、あるいはその物を思い描き、そのイメージが溶けていくのを確認しながら、その代わりに何が浮かんでくるか、心の目で見ます。

　あるいは、もし水占いに何も特別な目的がない場合でも、静かに座ってみましょう。永遠に揺らぐ不思議な水に助けられて、気持ちや感情、シンボルや絵が目の前に浮かび上がってくるでしょう。

　通常、心のメッセージやイメージを理解できるようになるまで少し練習が必要ですが、一度できるようになれば、永遠にその手法は

あなたのものとなります。

　私は、太平洋に突き出た場所に座って、深い青色の海に光る太陽を眺めながら何時間も過ごしたことがあります。また、埠頭の先や屋外プールの近くにある壁、公園の噴水や歩道の真ん中にできた水たまり、さらに窓から太陽が入り、壁のタイルに激しく動く影を作る家の風呂から、水を眺めてきました。

　ただし、とても眩しい反射は目に悪い場合もあるので、注意が必要です。太陽のちらちらする光を、瞬きをしないで数秒間見ていられないようだったら、眺めるのを中止します。太陽の光が和らぐのを待つことをおすすめします。

泉と井戸の魔法

　井戸にコインを投げて、願い事をしたことはありませんか？　これは水の魔法の一つで、今日まで生き残ったものです。きっと、現代の「文明化」した時代でも、私たちは無意識にこういった古い魔法に魅了されるのでしょう。

　長い間、井戸は女性らしさ、そして母なる偉大な自然の女神と関連づけられてきました。昔の多神教の時代の魔法より、人工的な場所で行った魔法の方が優れているという新しい考え方のせいか、月日とともに、井戸の人気は泉よりも上昇していきました。これは、10世紀から現在に至るまで、ヨーロッパにおいてキリスト教が作り上げてきた政治力と社会的な影響の分かりやすい表れといえるでしょう。

　井戸の多くは、聖者やヒーリングと関連づけられると同時に、他

では奇跡が起きた場所としても知られています。イギリスのグラストンベリー・アビーにあるチャリスの井戸は、初期のキリスト教の神秘主義者が、いかに古い魔法の泉を「井戸」に置きかえたかを表した最高にいい例といえるでしょう。

　一方、泉は、実は井戸よりもずっと長く魔法で使われてきました。地面からぶくぶくと沸き上がる謎めいた泉は、長い間畏怖の対象でした。生命を与える貴重な資源だけではなく、あらゆる魔法に適した自然の産物です。例えば次のような魔法が行えます。

◆ 泉の魔法

　近くの泉から、小さな石を取ってきましょう。表面に、地元の植物かチョークを使って、願い事を絵、シンボル、またはルーン文字（付録Ⅱ参照）で描きます。

　パワーハンドで石を持ち、泉の周りを時計回りに3周歩きます。泉の位置によってこれが不可能であれば、泉の前で3周時計回りに歩いてもいいでしょう。パワーハンドで石を持ち上げ、泉の中心を真っすぐ見ながら、次の言葉を唱えましょう。

美しい泉の水、絶え間ない真実の泉よ
あなたに託す願い事をかなえて下さい

　目を閉じ、泉に石を落とし、泉の水を少しのみます。この行為が魔法を封印します。精霊に感謝の印を残しましょう。3度満月がきても、願いがかなわなかったら、もう1度魔法を繰り返します。

池の魔法

　ゆっくりと優しく揺らめく池や湖は、魔法の占いには理想的な場所です。

◆水の輪
　丸くて滑らかな石ころか岩を探します。「はい」か「いいえ」で答えられる質問を唱え、池に投げ入れます。生じる輪を数えましょう。輪が奇数だった場合、答えは「はい」で、偶数だった場合は「いいえ」です。

小川の魔法

　地球の血管及び動脈である小川は、魔法使いに悪い影響を及ぼすものを取り除くためか、浄化するためか、癒すために、かなり昔から魔術に取り入れられてきました。これから紹介する数々の魔法に、はっきりとその傾向が見て取れます。

◆治癒
　病気の時は、透明で清潔な、流れのある浅い小川を探しましょう。服を脱ぎ（水着を着用してもよい）、小川の中に入ります。水が身体をすっぽり包み込むまでしゃがみます。悩みが頭に浮かんでいる場合は、次のステップに進む前に水の下に数秒間潜ります。
　肌に触れる水の冷たさを感じましょう。あなたを浄化し、塵やほ

こりや病気を洗い流してくれるのを意識します。病を「黒いウジ虫」として視覚化し、身体から這い出て川の水に流れ、あなたから離れて太古の海に流れて浄化されるのを想像しながら、優しい声で次の言葉を唱えます。

　病が私から流れ出ている
　川に、そして海に流れていく

　あなたが止めたいと思うまで、数分間この言葉を繰り返します。そして、水からあがり、身体を乾かし、終わりにします。
　当たり前ですが、この魔法を流れの速い危険な川でしないで下さい。病気で動けない場合や医学的な治療を受けていない場合も同様です。この魔法は、身体が治っていく過程を助けるものです。

◆病を乗せた船
　水に浮く小さな木の破片を探し、小川に持っていきます。言葉や絵やシンボルを使ってあなたを困らせている問題を全部ナイフで刻みましょう。思いつく限りの悩みを記します。
　ナイフをペンで代用してもいいですが、ナイフほどの効き目はないでしょう。
　刻みながら、あなたの悩みや問題、悲しみなどを注ぎ込みます。終わったら、水に浮かべて後ろを向きます。去りながら、病を乗せた船を振り返ってはいけません。
　家に戻り、船が川を下り、その道中で偉大なる浄化役である水によってあなたの悩みが一つ一つ解放されていくのを感じましょう。
　進みやすいように船に小さな帆を付けてもいいでしょう。

その他の水の魔法

次に紹介する魔法は、昔からある水の魔法を使ったもので、家でできます。

◆花と水占い

古いギリシャの習慣から生まれたこの魔法は、直径30センチ、深さ7～10センチほどのボウルかたらい（できれば丸いもの）が必要です。また、真水と新鮮な小さい花がたくさん必要です。違いが分かるように花の色は全て違うものにします。

この魔法は、目の前に複数の選択肢がある場合に、どれを選ぶか決めたい時に行います。

ボウルに水をはり、それをテーブルか地面に置き、その外側に花を置いて座りましょう。花を一つずつ手に取りながら選択肢を一つずつ当てはめます（例えば、「売る」、「買う」、「待つ」といった具合に）。そして、ボウルの縁近くの水に浮かべます。

選択肢の数だけ、同じ動作を繰り返します。すべての花に選択肢を当てはめたら（どの花がどの選択肢か忘れないように）、静かにボウルの前に座り、今のジレンマを思い浮かべながら、メロディーをつけずに自由に口笛を吹きます。

風が花の一つをあなたの方向に動かすでしょう（あるいは何の力も借りずに動いているように見えるかもしれませんが）。これがあなたの進むべき道を表しているでしょう。

花がすぐに動かないようだったら、あなたの質問に答えはなさそうです。ここでいら立ってはいけません。数時間、ボウルと花をそ

のままにしておきます。一晩おいても構いません。後で見た時に、間違いなく花の一つが動いているでしょう。あなたが座っていた場所から判断して、答えを導き出しましょう。

　二つ、あるいは三つの花が動いていたら、元々あなたの座っていた場所から最も近い場所の花から答えを受け取ります。一つ、あるいはそれ以上の花が消えてしまっているようだったら、それらが選択肢でないことは一目瞭然です。

◆大釜とナイフ
　寝る直前に、大釜（または、鉄のバケツ、ボウルか器）に水を入れ、玄関の扉の近くの屋内に置きましょう。非常に鋭いナイフを下に向けて水の中に刺しながら、次の言葉を唱えます。

　水の中にこのナイフを入れる
　泥棒や闇から守るために
　いかなる肉体も霊魂も
　私が住むここに入り込むことはできない

　これは最高の防御の魔法なので、寝る前に毎晩行うといいでしょう。朝になったら、ナイフを取り除き、刃を拭いて乾かし、安全な場所に保管します。
　水には触らないで外に流し（あるいは、必要であれば下水道に流します）、大釜、またはバケツは片付けます。
　言うまでもありませんが、夜に誰か来客を予定している場合は、この魔法は行ってはいけません。彼らが家に入ったら危険な上に、かなり濡れてしまうでしょう。

望むならば、あらゆる扉の前に魔法をかけてもいいでしょう。人間だけでなく、それ以外のものからも身を守ってくれます。

◆ 聖なる湖
　湖はしばしば女神ディアナの鏡として知られています。満月の夜、湖の静かな黒い水に映った影を捉えましょう。水を眺める占いの要領で、寝転がって反射を眺めます。シンボルが見えたり、心のメッセージを受け取ったりするでしょう。この魔法を行いながら、月の女神ディアナに呼びかけるのが伝統的な方法です。

◆ 水を渡る
　歩いたり、運転したりしている時に、近くに「危険」を感じたら、水の上を横断するといいでしょう。運転している時は橋を渡り、歩いている時は小川や排水溝の水を渡るのです。悪と危険は水によって浄化され、効力を消されるため、水を超えることはできないので、あなたの安全は確保されます。
　これは、古い習慣ですが、今もまだ使え、効果も期待できます。

◆ お金の魔法
　皿に水をはり、月明かりの下で、水に月光の反射を捉えたら水の中に手を浸します。手を取り出し、手が自然に乾くまで待てば、28日以内に思いがけないところからお金が転がり込んでくるでしょう。この魔法は、月が満ちていく時に行います。
　もう一つのお金の魔法は、いつでもできます。月が見えていなくても構いません。器（できれば銀のもの）を暗い場所に持って行きます。銀貨か銀の宝石を水に入れ、この中に手をつけます。

◆ヒーリングの水

穴のあいた石（17.「海の魔法」参照）を、真水の入った器に入れます。石を取り除けば、残った水は癒しの波動が含まれているでしょう。ヒーリングの風呂や、治癒の呪文をすり込むために使うといいでしょう。

◆水の鏡

ボウルに水をはり、表面に厚い油のしずくを落とします。水晶玉を眺める要領で油を眺め、占います。

◆治癒の風呂

これはすでに述べた川の治癒の魔法の、もっと便利なバージョンです。銀色か白色のキャンドルと塩、そしてクローブピンク、スイートバイオレット、サンダルウッド、ナルシッサスといったヒーリング系のオイルを風呂場に持って行きます。

キャンドルの明かりの下、とても温かいお湯を入れます。塩を入れ、オイルを数滴入れ、それから湯船に入ります。

リラックスしましょう。温かい塩水があなたの毛穴、そして肌に入り込み、身体の病んでいる部分を殺菌していくのを感じます。

「黒いウジ虫」が身体を離れるのを視覚化します。もう十分と思ったら、あるいは水がウジ虫でいっぱいになったと感じたら、栓を抜き、水を出します。

水が流れる間、前に述べた言葉を一部分変えて唱えましょう。

病が私から流れ出ている
水に、そして海に流れていく

湯船が全て空になってから立ち上がりましょう。病に満ちた水の痕跡を流すために、すぐに新鮮な水を身体に浴びせるといいでしょう（シャワーが理想的です）。

　身体の回復を早めるために、必要に応じて繰り返しましょう。

第三部
自然を使った魔法

PART III
Natural Magic

9. 石の魔法

　石の魔法はほとんどの人が知っているものです。誕生月に「属している」とされる誕生石は誰もが知っているでしょう。さらに、高価な石や半宝石のパワーについては、幅広い言い伝えもあります。長年にわたって、真珠は涙を誘い、オパールは身につける者に不幸を呼び、またダイヤモンドは普遍の愛を表すから結婚式や婚約指輪に使われるといわれています。

　高価な石や半宝石についての言い伝えは、矛盾していることが多い上に（権威者の中には、真珠は喜びの涙を誘い、オパールは幸運を呼ぶと主張する者もいます）、値段が高いので、魔法に使える方も少ないでしょうから、あまり気にすることはないでしょう。

　一方で、道に転がっている石や庭で掘り起こされた石、川岸や海辺に打ち上げられた石や巨人が投げたかのように散らばった田舎の風景に溶け込んでいる石といったよくある日常的な石こそ、商業的に大きな価値のある石に負けないくらいのパワーを備えており、魔法に適しています。

　要するに、高価であるからといって、その石が特別なパワーを持ち合わせているとは限りません。もちろん、珍しい石であればあるほど、それにまつわる謎は大きいでしょう。ダイヤモンドがいい例

です。しかし、魔法でも、同じとは限りません。

　旅行中に、遊びで石を拾ったことはないでしょうか。理由もないのに、ポケットに小石を詰めたことは？　あるいは、土産物店や骨董品店で、光るやメノウやオニキスを買ったことがあるかもしれません。なぜか不思議に思ったことはありませんか。

　何百年も何千年も昔、石は道具として使われていました。それらは、骨同様、唯一使える道具でした。原始時代の人たちは、食べるためや植物を収穫するために、狩りや縫い物など、手ではできないあらゆる仕事をこなすために石を使っていました。

　今では、石は、庭師が地面の中に埋まっている石を見つけ、やらなければならない仕事が増えたことを思っては静かに罵るくらいで、普通の人たちはあまり気に留めません。しかし、**魔法では、石は大事な道具になり得ます**。何より安く、簡単に手に入れることができます。都会に住んでいるから石がありませんか？　どこかに公園か空き地があるはずです。

石を使った瞑想

　石に宿っているエネルギーに触れるためには、あなたが魅力を感じる石をまず手に取ります。たった一つのルールは、あなたの手に収まるくらい小さなものを使う、ということだけです。

　パワーハンドで石を持ち、静かに座ります。目を閉じ、手に意識を向けます。石を感じましょう。頭の中で石を観察してみます。さわり心地や湿り具合、固さ、そしてついている土にも気づきましょう。

その次に、石に心を開く気持ちで手に取り、石があなたに語りかけてくるのを待ちます。全ての魔法と同様、波動を通してあなたに語りかけてきます。石そのものから波動がくるので、手の中で感じましょう。手のひらの内側だけではなく、指や親指に向かって波動を送ってくるでしょう。

　もし振動が速く激しいものだったら、それは「高波動」の石です。すぐに散りばめるだけの波動を持っている石なので、どんな魔法に使おうと素早い反応を示すでしょう。

　もし、振動や鼓動がゆっくり落ち着いたものだったら、「低波動」の石なので、使い道は変わるでしょう。

　魔法で使おうと思う石には、全てこのように波動を感じてみましょう。長い手順のように思われますが、実はそうでもありません。一度波動の感覚を覚えれば、あっという間にできます。

　次にこれらの石の使用方法を説明します。

石占い

　核心に迫る問いに「はい」か「いいえ」を導き出すために使う簡単な方法で、占いの一種です。

　長い間、存在してきた石は、今後ももう少しの間存在するでしょう。石は、永遠の知恵を表すシンボルなのです。重要な問いに対する答えを導くために、よく使われてきました。

　石を3個手に入れましょう。1個目は明るい石で、高波動を放つものがいいでしょう。もう1個は暗めの色で、低波動を放つものにします。そして、3個目は、高くも低くもない波動のもので、他の

2個の石と区別できるように珍しい色合いのものが好ましいでしょう。つまり、3個とも、すぐに区別できるようにそれぞれ違った姿をしているのがいいでしょう。

「はい」か「いいえ」の答えがほしい質問には、心の中で質問を唱えながら、2個の石を選んでサイコロのように手の中で転がし、平らなところ、できれば地面に投げます。テーブルでもいいでしょう。

石の動きが止まったら、その位置で答えを見極めます。「はい」を表す石が質問者に近かったら、それが答えです。「いいえ」の石でも同じです。石が同じ距離だったら、答えはありません。

このシンプルな方法は、かなり正確です。もう何年も前から私は使っていますが、いい結果を出しています。

石は、石だけを入れる小さな袋に入れ、魔法以外の目的に使ってはいけません。

練習をすれば、もっと正確な答えが導き出せるようになるでしょう。石の位置、占い者との距離、そして質問している内容をひっくるめて検討すべきです。占い者に近ければ近いほど、力強い答えとなります。練習と経験を重ねれば、石占いの正確性は増します。

話す石

ナイフで石を打って、音を生み出す魔法です。この魔法にぴったりの石とナイフとで最高の組み合わせになれば、音は音楽的になり、繰り返すうちに、トランス状態を作り出すことができるでしょう。

これには、高波動の石が最適です。方法は簡単です。石を持っ

て、ナイフの刃で優しく打ちます。様々な種類のナイフと石を集めましょう（この魔術に使うナイフは、鋭くないものを選ぶように注意しましょう）。

　しばらくの間実験して、最もいい音を作り出す組み合わせを選びます。キャンドルを灯した部屋、または風の吹く丘、その他もちろんどこででも構いません。石を打ってその音に耳を傾けましょう。

　好きなリズムを繰り返します。祈祷師のドラムや赤ちゃんのガラガラの音と同じように、それらの音とリズムは、あなたをリラックスさせ、夢のような状態にするでしょう。こうなったら、占いや瞑想に最適です。あるいは、単純にその時にしか味わえない感覚を体験するのもいいでしょう。

　この魔法は、他の人がいない時に（または、他の物音が聞こえない時に）行うべきです。特に夜、満月の下で行うと強力なものになります。他の魔法を使うよう、導きもあるかもしれません。

　ドラや鐘を使って同じ魔術もできますが、この本の範疇外になります。

◆ **遠距離の相手と連絡を取る**
　高波動の石に、チョークか炭であなたのメッセージを書きます。相手の顔を想像しながら、土に埋めれば、メッセージは届けられるでしょう。

◆ **石のお守り**
　高波動の石をパワーハンドで持ちます。できれば地べたに座ったまま、石を眺めながら数分間、次の言葉を低い声で唱えます。

石よ、悪をなくし
　土と空に放て
　炎と海に放り込め
　パワーの石、私を守って下さい

　そして、石を幸運のお守りとしてどこにでも持ち歩きましょう。あなた自身の波動を吸収して、あなただけのお守りになるだけでなく、エネルギーを放って、あなたの周りを守るバリアとなるでしょう。この守護のパワーによって、１日災いなく過ごすことができるでしょう。

♦石の円（サークル）

　もし、指輪やその他の宝石をエネルギーで満たしたければ、高波動の石を奇数の数だけ手に取り、テーブルか床か、もっといいのは地面に並べて円の形を作ります。少なくとも１日はそのままの状態に置いておかなければならないので、地面に作るのは難しいかもしれません。テーブルの上が一番簡単でしょう。

　石を並べたら、エネルギーを注ぎ込みたいと思っている物を円の中心に置きます。

　やることはそれだけです。石が魔法を放ち、強い波動を物に送るでしょう。もし魔法のパワーを強めたいと思ったら、円を作る前に各々の石に適切なルーン文字(付録Ⅱ参照)を描きます。これによって、物に特定のエネルギーを注ぎ込むことができるでしょう。例えば、愛する人に指輪をあげようと思っている場合は、相手が愛と保護に満たされることを願いながら、石に「愛」や「守護」を意味するルーン文字を描きます。

◆石の器

　低波動の石を、器いっぱいに入れます。家の中で見つかることのない、見えない場所にこの器を置きます。石は、周囲に低いエネルギーを発しながら、平和と安心を広めるでしょう。

　それによってあなたの家庭は、大きな問題や混乱など起きることなく、幸福に保たれるでしょう。

◆7つの石が入った袋

　低波動も高波動も関係のない、7つの石が必要になります。次の色の石を集めます。白、緑、赤、オレンジ、黄色、茶色、そして黒です。

　できれば自分でこれらの石を探して下さい。探す場所は、川辺が最高です。探すのが難しい場合は、買っても構いません。

　黄色に染められた自然素材の袋（できれば綿）に石を入れます。未来を覗いてみたい場合は、袋を手に取り、中を見ないで袋の中から石を1個取り出します。石は、現在、または未来の状態を表しています。

　　白…………平和、落ち着き
　　緑…………愛、お金
　　赤…………情熱、議論
　　オレンジ……幸運
　　黄色…………知恵、教訓
　　茶色…………物、所有物、贈り物
　　黒…………後ろ向き

10. 木の魔法

　木は遠い昔から魔法に関連づけられてきました。食物の王国の中でどっしりした存在感を放つ木は、中には何千年もの間生えているものもあり、死にゆく運命の私たちを遥かに凌ぐものです。このような理由で、木は無制限のパワー、長寿、そして時代を超越しているものの象徴、そして守り神として知られています。

　様々な樹齢、大きさ、種類の木々が密集する自然の森は、謎めいた魔法に溢れた場所であるだけでなく、自然のエネルギーの宝庫です。その境界線には、普遍的な力を守る、古くて新しい番人が地球上の植物の形で立っています。

　そういうわけで、森は、木の魔法だけでなくあらゆる魔法に適しています。しかし、ここで紹介する呪文や魔術は、世界中のどのような木でも行うことができるでしょう。どの木も、その木特有のパワーがあります。ここでは実際の木の魔法の方法を記してから、木の性質について述べます。

　これらの魔法は、必ずしも木の種類を限定しなければならないものではありません。皆、他とは異なるパワーを兼ね備えているからです。実験してみましょう！

　毒性のある木（ユーやヘムロックなど）以外は、癒しの魔法に最

適です。どんな木でも、頭痛を取り除いてエネルギーを与えたり、未来について教えてくれたりするでしょう。私たちは、単純に自分の考えや行動で様々な可能性を制限してしまっているのです。

　魔法に使う木には、話しかけることが大切です。必要なことを正確に話しましょう。なぜそれをかなえることが必要か、そして緊急性も木に説明します。木は、私たちとは異なる意識を持っていますが、微妙な領域でコミュニケーションが取れる、意識のある生き物です。

　このような理由から、古い魔法には、しばしば「木に爪を立てろ」などと要求するものもありますが、どうかしないで下さい。木を傷めつける上に、全く必要のないことです。他にも方法はたくさんあります。

　これから紹介する呪文の中には、葉っぱにシンボルを描くという内容もでてきます。片方だけ端が燃えた枝などは、最高です。燃えた後の炭が、鉛筆の芯のような役割を果たすからです。うまく描けるようになるまで、練習しましょう。

◆ 木の呪文

　魔法に使う木を見つけたら、大きな葉っぱ、先が炭になった棒、やわらかなツルか自然素材のひも、そして10セント硬貨を木の前に持っていきましょう。

　木の下に座って、棒を使って願いを表現したシンボルを葉っぱに描きます。立ち上がって、次の言葉か似たような言葉を唱えながら木の周りを時計回りに9周回ります。

　古い大地の、古い者よ

> 時が告げるよりもっと古い
> どうかあなたのパワーを私に与えて下さい
> 私の魔法をかなえるために

　木の周りを9周回り終わるまで、必要に応じて言葉を繰り返します。終わったら、葉っぱを木の幹の周りに、ツルを使ってなるべく固く結びます。これができなければ、木の枝を見つけてそれに結びましょう。
　葉っぱが取れないことを確認したら、力を貸してくれた感謝の印として木の根元に硬貨を埋めます。さあ、木が仕事に取り掛かれるように、その場を去りましょう。
　いつか戻った時に葉っぱがなくなっていても心配しないで。既に力が作用している証拠です。

木を使ったヒーリングの魔法

　先ほどの呪文は、どんな願い事にも使えます。そして、人々は昔から木に癒されるために助けを求めてきました。それらをいくつか見てみましょう。

◆ 治すために
　夜寝る前に、病人の首の周りに赤いひもを結びます。朝起きたら、すぐにひもをほどき、木の幹か枝に結び、それによって木に病を移します。木は、病を下の土に送るでしょう。木の根元に、感謝の印を何か捧げることを忘れずに。

◆治癒

　強い、目立って健康そうで生き生きとした木を探します。細い、柔軟な枝のある木がいいでしょう。病気にかかったら、その木のところへ行き、枝か小枝に結び目を作ります。木を傷つけてはいけません。形が分かる程度に緩く結びましょう。

　あなたを癒すために力を貸してくれるよう木に頼みます。結び目に病気、または怪我を「注ぎ込み」ます。数分間これを視覚化します。

　それから、木を傷めないよう用心しながら、結び目をほどきます。これで病気から解放され、病は土に運ばれるでしょう。木の根元に、供え物をしましょう。

◆背中の痛みを治す

　痛みを和らげてくれるよう頼みながら、木の周りを時計回りに9周回ります。回りながら、次のような言葉を唱えます。

　ああ、偉大なる木よ、強い木よ
　私の痛みを吸収して、私を自由にして下さい

　固いしっかりした幹に寄りかかって座り、樹皮に背中を押し付けます。木が痛みを吸収し、背中がそれを解放しているのを感じます。数分後、立ち上がって、根元に何か大事な物を埋めて木に感謝します。

◆悪い習慣を断つ

　葉っぱか樹皮に、自分自身か、自分の悪い習慣の絵を描きます。しっかり立った木のところに持って行き、その根元に埋めます。

葉っぱか樹皮を入れた穴に、供え物も入れて、土で覆います。上から水をかけて、終わりです。

◆失ったエネルギーを取り戻す
　木の幹に背中を押し付けて、木の無限のエネルギーがあなたに注ぎ込まれるのを感じます。長距離を歩いた後やハイキングの後に最適です。

◆未来を占う
　葉っぱの茂った木の下に寝そべり、リラックスします。永遠に移り変わる上空の緑の天蓋（てんがい）を眺めます。やわらかい風で葉っぱが浮かんだり、押されたりする様子を見ましょう。あなたを落ち着かせて、心を開かせ、抱いている疑問に対する答えを垣間見せてくれるはずです。

◆木の恋愛占い
　小さな葉っぱに自分の絵を描きます。もう一つの葉っぱには、出会いたいと思う相手の絵を描きます。緑の糸で、2枚の絵を正面に向き合った状態で縫い、糸で固く結びます。
　愛の波動を放つ木の所へ行き、自然にできた割れ目か穴を探しましょう（作ってはいけません）。もしなかったら、頑丈であれば枝と幹が繋がっている箇所がいいでしょう。2枚の葉っぱを割れ目に入れながら、次の言葉を唱えます。

　土、水、風（ふう）、そして火の木
　望む愛をかなえて下さい

根元に7枚の硬貨を埋め、終わりです。

あなたと魔法の関係を結んだ木は、大事にしましょう。魔法に使う時でなくても、度々訪ねましょう。木を友だちと見なすことができた時、あなたは地球や、さらにそれを超える強力な存在と関係を築き上げたことになります。

木の魔法のパワー

- ALMOND／アーモンド ……占い、透視、お金、ローン、仕事

- APPLE／リンゴ ……ヒーリング、繁栄、愛、永久の若さ

- ASH／アッシュ ……守護、海の魔法（海が遠く離れている時のために、17.「海の魔法」参照）

- APRICOT／アプリコット …愛

- ASPEN／アスペン ……守護

- BIRCH／バーチ ……守護、浄化、多産、新しい始まり

- CEDER／シーダー ……繁栄、長寿

・COCONUT / ココナッツ　…浄化、純潔、ヒーリング

・CYPRESS / サイプレス　……前世の働き、守護

・ELDER / エルダー　　　……ヒーリング、守護、繁栄

・ELM / エルム　　　　　……守護

・EUCALYPTUS / ユーカリ…ヒーリング

・FIG / フィグ　　　　　……多産、力、エネルギー、健康

・HAWTHORN / ホーソン　…洗浄、結婚、愛、守護

・HAZEL / ヘーゼル　　　……占い、結婚、守護、和解

・HEMLOCK / ヘムロック　…使うのはおすすめしない

・JUNIPER / ジュニパー　……守護

・LEMON / レモン　　　　……占い、ヒーリング、貞節、中立

・LIME / ライム　　　　　……占い、ヒーリング、貞節、中立

・LINDEN / リンデン　　　……守護

- MAPLE／メープル 　　……占い、愛

- MULBERRY／マルベリー…知識、占い、知恵、意志

- OAK／オーク 　　　　……ヒーリング、強さ、お金、長寿

- OLIVE／オリーブ 　　……平和、豊かな実り、安全、お金、
　　　　　　　　　　　　　結婚、忠実

- ORANGE／オレンジ 　……愛、結婚

- PALM／パーム 　　　　……強さ、知恵

- PEACH／ピーチ 　　　……愛、占い

- PINE／パイン 　　　　……浄化、健康、富、繁栄、多産

- ROWAN／ローワン 　　……守護、強さ

- WALNUT／ウォルナット …ヒーリング、守護

- WILLOW／ウィロー 　　……ヒーリング、守護、魔力、子宝、
　　　　　　　　　　　　　願い事

- YEW／ユー 　　　　　……使うのはおすすめしない

11. 人形(イメージ)の魔法

　人形の魔法と聞いて普通想像するのは、ブードゥー教のあざ笑っているような人形に黒いまち針を指している図かもしれません。マスコミと原理主義者たちによる何世紀にもわたるプロパガンダのなせる技といっていいでしょう。
　いわゆるブードゥー教の人形として知られるあの人形は、ひどく誤解されてしまっているブードゥー教と特に関連しているわけではありません。また、魔法の幕開けと共に、あらゆる魔法で使われた人形魔術にそのルーツがあるものでもありません。
　色々な種類の木、粘土、鉛、金、銀を使って、あらゆる所で人形は作られてきました。大きな葉、樹皮や動物の皮に描かれ、またレモン、タマネギ、リンゴ、卵、カブ、ナッツ、ココナッツ、ライム、ジャガイモ、さらに悪評高いマンドレイクの根で作られてきました。
　時々、髪の毛に至るまで、細かくこだわって作られたものもあります。また、ある時は、果物の皮か樹皮か土そのもののような平らな表面に、爪や棒を使って掘られたおおざっぱなものもあります。
　どんな材料であろうと、またどんな呪文であろうと、人形魔術は魔法の歴史の中で最も使われてきたものに違いありません。
　およそ5千年の間続いてきたこの魔法は、まだ全て解明されてい

ない悪評がつきまといます。

　人形魔術が悪い目的で使われてきたのは事実ですが、他の魔術でも同じことがいえるでしょう。人形魔術が魔法に一番大きな貢献をしたのは、自分や魔法をかけてあげたい者に、計画や設計図を示してきた点です。

　もちろん、人形や肖像がそのままその人を表すものになるわけではありません。より暗い魔術の分野で思い込まれているように、どんな像も実際、息を吹き込まれたり、洗礼を受けたりするものではありません。

　人形や肖像は、いつも私たちの未来をよりよい方向へと改善するために形作る青写真としての役割を果たします。

　今のオカルト専門書店には、拷問や死を誘発するための人形魔術の呪文の本で溢れています。その上、実際に人形自体もまち針とセットで、郵便で受け取ることができるのです！

　しかし、ここではこういった内容には触れません。もっと人道的で感動的な愛やヒーリング、守護や恵みといった内容の、簡単な魔法について述べるとしましょう。

　人形魔術は、人形や人の形をしたキャンドルや紙の切り抜きを使うように思われがちですが、次に述べる3種類の魔法は、平たい皿に新しく集めた湿った土を載せて行うのが最もいいでしょう。まず、土を使う前に、土から石や枝やその他の混ざり物を取り除きます。

　余裕をもって、できれば直径20.5センチほどの丸いボウル皿か平たい皿の上に、湿った土か砂を2.5センチほど盛ります。これが、あなたが頭の中のイメージを描く「キャンバス」となります。

　筆記用具は、しっかりした枝、もしくは削った鉛筆がいいでしょ

う。何千年も昔は、棒や粘土を使ったと言われています。土が乾き過ぎていたら、少し水を加えてもいいでしょう。きれいな土が手に入らなければ、砂を集め（あるいは、買い）、「なじむ」まで、つまり、砂にイメージを描けるようになるまで、濡らしましょう。

　これらの準備は、魔法を行う度に繰り返すべきです。使った土や砂は、毎回自然に返しましょう。

　もちろん、これらの魔法を直接地面でできたらもっといいでしょう。元々そのようにして行われてきました。当初より少しやり方を変える必要がありますが、それでもその地面で行う努力をする甲斐があるというものです。

◆基本の人形魔術

　容器に清潔な湿った土を入れます。筆記用具（棒、枝、または鉛筆）を使って、土に自分のイメージを描きます。自分の真正面を描くイメージで、ふくらみや平らな部分、足と胴体のバランス、そして頭の形や髪型など、細部にわたって自分の身体にできるだけ似せて描きます。

　輪郭線以外にあなたの特徴となるものは、描く必要ありません。最初に描いた絵に納得がいかなかったら、指で土を滑らかにしてもう１回描きましょう。

　描いたものに満足したら止めます。そして筆記用具を使って、絵の真上に、あなたの「願い」を象徴するシンボルを描きます。

　このシンボルは、できるだけ本物に近く、完璧に描きます。うまく描けたら、筆記用具をしまい、絵を思い浮かべながら座ります。あなたの絵を覆っているシンボルは、あなたの人生で今必要としている「願い」を象徴しています。

数分したら、その場所を去り、魔法のことは全て忘れましょう。必要に応じて、土の容器を見えない場所に慎重に置きます。描いた絵は壊さないように気をつけましょう。朝と夜の毎日２回、数分間絵を眺めます。１週間したら土を自然に返します。あとは、なすがままに任せます。

◆負のものから自由になる
　土に自分の輪郭を描きます。次に、その上にあなたが解放されたいと思うもののシンボルを描きましょう。シンボルは、絵の上に描きます。それを眺めて、そのシンボルが現在の自分であることを認識します。
　それから、指先で優しくなでながらシンボルを消します。最初に描いた自分の輪郭は消さないように気をつけましょう。万が一消してしまった場合は、すぐに描き加えます。
　さあ、負の概念から解放され、まっさらな状態で再出発する準備が整った新しい自分を眺めます。
　７日間、毎日繰り返しましょう。

◆ダイエットの魔法
　自分がなりたい体型の輪郭を描きます。様々な角度から完璧なものにしましょう（正しい体型を描くために、もしかしたら横から描いた方がいいかもしれません）。
　次に、完璧な自分のイメージの周りに、今の自分の体型を描き、満月の夜まで、安全な場所に保管しましょう。
　そして、満月の夜に、隠していた場所からこの絵を取り出し、指を使って、大きい輪郭からほんの少しの部分を削ります。結果とし

て、あなたの体型からそれだけの体重をシンボル的に除いていることになります。

月が欠けていくのに合わせて、これを毎日2週間続けます。14日目には、今の自分の姿は完全に消されて、完璧な自分だけが残っているはずです。

もちろん、この間、正しい食生活をして運動も行いましょう。魔法は、物理的な援護も必要とします。

すぐに魔法の効果が現れなければ（それが普通ですが）、次の満月からもう一度繰り返しましょう。耐えて努力すれば、成功します。

◆リンゴに描く

人形魔術には、よくリンゴが使われます。赤いリンゴの皮に、鋭利なナイフを使ってあなたの「願い」を表したシンボルを掘ります。シンボルが分かるように、皮の奥の黄色っぽい白い実がはっきり見えるまで掘ります。これは、少し練習が必要かもしれません。

数分間、シンボルを眺めたら、芯に到達するまでリンゴを食べます。種はとっておいて植えてもいいでしょう。シンボルが身体の一部となったので、シンボルが表す「願い」も実現することでしょう。

この魔法は、あらゆる望みに使えます。

◆他人のための人形魔術

他人のための魔法は、相手がそれを頼んできた場合、あるいはそれにあなたが同意した場合のみ行うべきだということを忘れないで下さい。

友人がものすごく必要とするものがあったら、それを表すイメージを描くか、作るかをします。銀板、ペンやインク、編み物やかぎ

針編みなどどんな素材を使っても構いません。できるだけ完璧なイメージに仕上げ、相手にあげます。それによって、その絵や人形が**象徴する本当のもの**（またはその性質）が、相手の人生に組み込まれるでしょう。

　知人が病気であなたの魔法の助けを必要としていたら、緑か青の布を使って彼らの人形を作ります。裁縫が得意ではなかったら、2枚をおおざっぱな人間の輪郭に切って、縫い合わせるだけでも構いません。

　2枚を完全に縫い合わせる直前に、中に付録のⅢのリストにあるヒーリングのハーブを詰めます。それから、人形を閉じます。

　2本の青いキャンドルの間に、そっとその人形を置きます。キャンドルを灯し、できれば人形の後ろに置かれた香炉で、ヒーリングのお香（シナモン、バラの蕾、そしてミルラを混ぜて作ったものなど）をたきます。

　人形を作っている間中、相手が完全に回復して、生き生きして、元気で、いつもと変わらない姿を集中して思い浮かべましょう。

　病気や傷を思い出してはいけません。頭の中から消し去りましょう。あらゆる考えを取り除き、相手の回復した元気な姿だけを思い描きます。

　作り終わった人形がキャンドルの間に置かれ、後ろでお香が渦巻いている中、心から願いながら、次の言葉を唱えましょう。

　この人形を作った
　（名前）の完璧な人形
　いまは倒れ、傷ついている
　（病気、または起こった問題）によって

大地が、彼／彼女を助けてあげられることを知っている
傷ついた鳥や
息絶え絶えの魚を助けるように
偉大なる母なる大地よ
私たち全てを支配する者よ
他の何者によっても癒すことができない
(名前)を癒して下さい

　熱のこもった「願い」であれば、天に届くでしょう。数分したら、キャンドルを消し、静かに全ての物を片づけます。
　7日間、先ほどの言葉や似たような言葉を、キャンドルの間に置いた人形を前にして繰り返しましょう。すぐに目に見える結果が得られなかったら、その人形をバラバラにし、ハーブを散りばめて、全て土に埋めましょう。そして、新しい人形を作ります。前の人形と同じように、完璧に作ります。
　当然、このような魔法は、きちんとした治療と平行して、またはその治療がうまくいかなかった時に行われるべきです。

◆恋愛のお守り
　このような人形魔術、またはこれに似たものは、昔から最も人気があります。
　最も美しい状態の自分の人形を、彫ったり、縫ったりして、作り上げます。人形に、あなたの長所と欠点、自分の心、生きる力、そして存在自体を注ぎ込みましょう。それが、どんなにお粗末で未完成に見えても、その顔をあなた自身の顔として見ましょう。
　作り終わったら、安全な場所にしまいます。次に、同じ素材で理

想の恋愛相手の人形を作ります。もちろん、ある特定の人の人形であってはいけません。あなたが男性、または女性に求める全てを持ち合わせた人形です。輪郭、またはおおまかな特徴を捉えているだけにすぎませんが、その人形に相手の身体的、精神的、感情的、知的、その他あなたにとって魅力のある、あるいは必要と思う性質だけでなく、様々な習慣や人生の目標など、あなたが大切だと思うものを注ぎ込みましょう。

　２体の人形が完成したら、ピンクまたは赤い糸かひもで緩く結び合わせます。何週間も邪魔が入らないような場所に置きます。しかし、箱やその他の圧迫される場所に置いてはいけません。いずれ、あなたの前に誰か現れるでしょう。その後は、あなたたち次第です。

　こういう魔法は、色々な人をあなたに引き寄せます。そのうちの１人か２人は、いい友だちになるかもしれません。その中に、もっと深い関係に進展する人や、愛に発展する人もいるかもしれません。

　もしそうなっても、関係がうまくいかなかったら、人形をほどき、理想の相手のイメージを分解し、もう一度作り直しましょう。誰も現れなかった場合も同じことをしますが、最低でも３か月は待ちましょう。

　このような魔法の類いは、出会った人を無理矢理あなたに向けさせるものではありません。ただ、あなたの友だちの輪を広げるものです。あなたが出会うどんな人も、魔法のプレッシャーの下に置いてはならないし、力づくで、あなたを愛するよう仕向けてはなりません。それは、自分の努力で行いましょう。

12. 結び目の魔法

　結び目の魔法の誕生は、中近東で結び目を使ったものを含め、様々な種類の魔法を記したくさび形の書字板が誕生した、少なくとも4千年前頃にさかのぼります。

　あらゆる時代のあらゆる文化で知られているにも関わらず、今日、結び目の魔法が使われることはあまりなく、忘れ去られる危機に直面しています。

　なぜ、このように世界的に知られていて、しかもシンプルで実用的で効果的な魔法が忘れ去られるのでしょうか。まさしく、シンプルであり実用的であるからこそでしょう。魔法は不条理な程、儀式的に作り上げられたものが多い一方で、簡単な魔法は、型にはまった儀式や壮大な式典を学んだ者たちから疑いの目を向けられてきました。

　紀元前2千年頃と同じくらい、結び目の魔法は今でも強力で、実施されていて、いい結果を出しています。現代の文化の中で「生き残っている」ものもたくさんあります。民俗学的に「生き残っている」状況とは、起源はすっかり分からなくなっているのに慣習や迷信として記憶され、いまだに行われている状態のことです。

　例えば、私たちはどうして大事なことを覚えておくために指にひ

もを結ぶのでしょうか。また、「彼はそれをする運命にある（he's bound to do it　訳注：bound は「結ぶ」という意味がある bind の過去形）といった言い回しは、どういう意味合いがあるのでしょうか？

　結び目を作るという行為は、**抽象的な考えや概念、思いを具体的に、目に見える形にすること**です。例えば、覚えておきたいことを思い描きながら、指の周りに結び目を作ることで、あなたは物理的な結び目と、覚えておかなければならない精神的なものを、頭の中でつなげているのです。魔法的な視点では、思い出すために結び目を作るのではなく、確実に覚えておくために結び目を作るのです。

　結び目の術の一つに、人形の周りを結ぶものがあります。文字通り、その人の行動や思考を抑えるために、人形をひもで「結びつける」か、人形をある物に「結びつけ」ます。「彼はそれをする運命にある（he's bound to do it）」という表現は、文字通り、結び目の魔法が信じられていた頃を物語っています。つまり、彼、または彼女の人形が「結びつけ（bound）」られているからこそ、それをする運命だという意味があるのです。

　こじつけに聞こえますか？　数百年前は、人形を結びつけることや、結び目の魔法を禁止する、たくさんの法律や規則があった程です。

　実際に一時期ドイツでは、ねじった、結び目の多い、編み込んだオーナメントは全て野蛮で偶像崇拝と関連しているものと思われていました。一方で、「精霊」や多神教の魔術が入り込むのを防ぐために、よく教会に魔法の結び目の彫刻が掘られました。

　結び目の魔法の歴史は、本当に長く魅惑的ですが、結び目の魔法のテクニックの方が、さらに興味深いといっていいでしょう。ここ

に書き記していますが、それを読む前に少し注意してもらいたい点があります。

　呪文や魔法を行う際の動作は、その背後に潜む「願い」ほど重要ではありません。あなたの「願い」に向かって、気持ちを込めてエネルギーを注がなければ、魔法は実らないでしょう。

　魔法は、言葉や動作のただのまねではありません。むしろ、気持ちを注ぎ込む、入り組んだ体験です。言葉や動作は、私たち皆が持つパワーを解放する要であり、鍵といっていいでしょう。

ひも

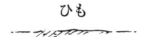

　結び目の魔法は、一般的にひもを使います。何色のものでも構いませんが、色には決まったつながりがあるので、付録Ⅰを参考にしましょう。

　ひもは、自然素材のものがいいでしょう。最もいいのは毛糸、あるいは綿です。固い、きつく編まれたもの、ざらざらしたもの、またナイロン、レーヨンやポリエステルといったビニール製のものは避けましょう。

　どんな魔法をするのでも、30〜60センチほどもあれば十分でしょう。しかし、いくつも結び目を作らなければならない場合は、結び目は、多くのひもを「食う」ものなので、長いひもを使いましょう。普段は、ひもを人目につかないようにし、他の用途にも使いません。その結果、他の感情が吹き込まれるのを避けることができます。

　自分のひもを編んだり、織ったり、紡いだりすれば、手作りであ

る上に、作っている間、「願い」を込められるから、よりパワフルなものになるでしょう。編み込むこと自体、魔術的な行いです。

◆シンプルな結び目の魔法

　どんな色のものでも構いませんが、できれば自然素材でできた、お気に入りのひもを選びます。「願い」をしっかり視覚化し、ひもを手に取り、できるだけ感情を高めます。そして、すばやくひもに固い結び目を作ります。

　ひもの両端をぴんと張るまで引っぱります。この行為が、あなたの「願い」に必要なパワーを解放します。このパワーは、実は結び目の中にはありません。パワーはあなたの「願い」がかなえられるように放たれているのです。人形などと同じように、結ばれたひもはあなたの「願い」の物理的な象徴です。「願い」がかなうまで、あなたの家のどこか安全な場所に保管しておきましょう。

　結び目がほどけないように注意しましょう。もしほどけてしまったら、違う結び目で一からやり直します。

　物理的にあなたの「願い」がかなったら（もちろん「願い」は常に自然なものにしておくべきです。富や旅行を願って数秒後に、ダイヤモンドのネックレスや世界一周の旅行券は届きません）、次のいずれかをひもに施します。

　結び目が永遠にほどけないように燃やしてもいいし、土に埋めて分解されるのを待ってもいいでしょう。あるいは、触れられることのない箱や引き出しにしまっても構いません。

　この魔法は、どんな「願い」にも使えます。もし魔法をひっくり返して、元に戻したいと思うならば、ひもの結び目をほどきます。ただ、これは必ずしもうまくいかないので注意が必要です。

ひもを燃やしたり埋めたりした場合は、魔法を元に戻すことはできません。しかし、こういうことはあまりないでしょう。あなたの「願い」が本物であれば、時間がたってもそう変わらないはずです。あなたが、10年後に振り返って、魔法を元に戻したいと思う可能性は低いでしょう。

◆破壊的な結び目の魔法

もしあなたがある事態や問題、また場合によっては脅迫に直面していたら、ぴったりの結び目の魔法があります。ひもをしっかり握り、あなたを苦しめている問題を、詳細に視覚化します。感情を込めます。怒り煮えくり返っても、泣き崩れても構いません。しっくりくるものなら何でもいいでしょう。それからきつく結び目を作ります。

そして、そこから立ち去ります。できれば部屋から出ましょう。シャワーを浴びたり、食べたり、魔法から心を離すために必要な行動をして、リラックスしましょう。

感情が安定したら、結び目に戻ります。落ち着いて平穏な気持ちで結び目をほどき、問題が消え去るのを感じます。

問題が塵となり、洗浄作用のあるさわやかな北風によって一掃されるのを感じましょう。

これで終わりです。

◆物を縛る

物を縛る魔法は、通常は危険と思われ、それ故に厳しく「禁止」されてきましたが、実は全く害がなく効果的なものである実例といえるでしょう。

友だちがあなたから何かを借りたいと思っていて、しかし、あなたは貸したくないけれど貸さなければならない、といった場合、ひもとその物を一緒に手に取ります（持ち運べるような小さな物の場合ですが）。
　その貸したくない物を自分の身体に縛ります。文字通り、物理的にその物をあなたの身体に結びつけるのです。数分間、貸す人からその物が戻ってくるのを視覚化しながら、立つか座ったままじっとします。
　しばらくしてから、ひもを切りましょう（ほどいてはいけません！）。そして、またあなたの元に戻ってくるのを確かに感じながら、その物を友だちに貸します。
　車のように大き過ぎる物の場合は、ひもを手に取り、自分の手か腕を、車の一部（ハンドルやアンテナなど）と結びつけ、後は同じ要領で行います。
　貸した物が戻ってくるまで、ひもを安全な場所に保管しておきましょう。

◆ 愛の呪文
　パステルカラーの３本のお好みのひもを手に取り、きつく編み込みます。ピンク、赤、緑などいかがでしょうか。愛の「願い」を込めながら、三つ編みの端に結び目を作ります。
　次に、また一つ結び目を作り、また一つと、全部で７つの結び目ができるまで繰り返します。愛が見つかるまで、ひもを持ち歩くか身につけておきます。
　その後、ひもを安全な場所に置くか四大元素の一つに捧げます。燃やして、灰を海か小川にばら撒いてもいいでしょう。

◆ 愛を縛る
　少しずるいこの魔法は、恋愛関係が成立してから行うべきものです。対象の２人の愛に、少しばかり声援を送るものです。
　愛する者の、小さくてやわらかい衣服を手に取ります。その人らしいものがいいでしょう。それを自分の衣服と一緒にしっかり結びつけ、見つからない場所に隠しましょう。
　これによって、２人が幸せに一緒にいられるのを助けてくれるでしょう。

◆ 治癒
　病気や病魔を追い払うために、赤い糸に９つの結び目を作り、首の周りにつけます。特に頭痛に効きます。

◆ 別の治癒方法
　病人（または自分）を赤いひもで縛ります。それからひもをほどき、次の言葉を唱えながら、燃えさかる炎の中にひもを入れます。

病気を火の中に投げ入れ
ひもが焼かれると同時に、病気も焼かれ、
煙と共に消えますように！

燃えると同時に、病気が消えてなくなるのを視覚化します。

◆ 守護の縛り
　ひもに９つの結び目を作り、盾や炎の剣やピストルなど、敵意や

外部からの力、身体的な暴力などから身を守る物として思い浮かぶ物をなんでもいいので視覚化します。ひもを家に吊るすか、個人的なお守りとして持ち歩きましょう。

◆ エジプトの結び目のお守り
　長いひもに7つの結び目を作り、それから端をしっかり結びます。お守りとして持ち歩きましょう。

◆ どんな治療も助ける
　9つの結び目のあるひもを、身体の疾患のある部分にしっかり結びます。それをほどき、9つの結び目もほどき、ひもを流れる水に投げ込みます。

◆「願いのハシゴ」
　あなたの「願い」に合った色の長いひもを手に入れます。さらに、あなたの「願い」に魔法的に関係する9つの種、ナッツ、いくつかの樹皮、ドライフラワー、そしてハーブの小枝を用意します（10.「木の魔法」または付録Ⅲ参照）。
　ハーブを少し手に取り、ひもでハーブの周りに結び目を作り、「願い」を視覚化しながらピンと張るまでしっかり引っ張ります。この作業を、9つの結び目ができるまでもう8回繰り返します。各々に花、又は樹皮を挟みます。次に、ひもを屋外に持って行き、空高く持ち上げて次の言葉を唱えます。

　　　　　数えて9つの結び目のハシゴ
　　　　　あなたが私に近づくように

私の願いが私のものとなるように
そうなりますように

　ハシゴを、自宅の大事な場所に吊るします。あるいは、「願い」に合った色のキャンドルを立てた、キャンドルスタンドにぐるぐる巻きつけても構いません。「願いのハシゴ」は、魔法の効果があるだけでなく、おしゃれなインテリアにもなります。

結び目の魔法についての注釈

　残念ながら、今の時代まで生き残った結び目の呪文の大部分は、負のものです。歴史的には面白いかもしれませんが、こういう魔法は神聖なものではなく、行う者を破滅へと導くものなので、ここで取り上げても仕方ありません。
　一方で、結び目の魔法で知っておいた方がいいものが一つ二つあるのも事実です。
　まず髪が長い場合は、どのような魔法を行う時でも、おろしたままにして結ばない方がいいでしょう。その理由は明らかです。髪の毛の結び目や三つ編みのねじりがパワーを吸い込んでしまうかもしれないからです。
　一方で、守護の魔法の際は、編んだ髪か結んだ髪に、かぎ針編みの服や編んだ服（冬はセーターが最高です）は、非常にプラスになるでしょう。
　同じように、網も守護するパワーが強いでしょう。海の魔女や魔術師の多くは、家に網を持っています。海辺の雰囲気に合うばかり

でなく、非常にパワーを放つアイテムなのです。マクラメハンギング（結び目を作りながら太糸で編むレース、房飾り）も同様です。

　さらに、朝起きた時に、もし髪に結び目ができていたら、あなたが眠っている間に、小人や妖精が髪の中で遊んだためにできたという言い伝えがあります。結び目はまだ魔法が科学とみなされていた昔から、小人や妖精と関連づけられてきました。

　結び目の魔法を行いたくても、手元にひもがない場合、あるいは使えない場合は、通常の結び目の魔法を行う時と同じように、「願い」をしっかり視覚化しながら、架空のひもを手に取り、結び目を作る動作をします。

　実際に手の中にひもがある場合と、同じくらいパワーが放たれるでしょう。

　そして、何か大切なことを覚えておきたい時は、指の周りにひもを結ぶのを忘れないで下さい！

13. キャンドルの魔法

　キャンドルの魔法は、複雑な魔術です。それについて書かれた良書もたくさんあります（参考文献を参照）。しかし、ここでは、他の魔法にも活用できる基本について述べようと思います。かなり実用的な方法でもあります。ここで記した儀式や呪文は、色々な状況で使える上に、少し創造力を持って変化を加えれば、どんな願い事にも使えるでしょう。

　キャンドルを灯す魔法は、キャンドルの炎とキャンドルの色、その他あらゆる物の助けを借りながら行われるものです。キャンドルの魔法とよく組み合わせて使われるのが、それら自体強力なパワーを放つハーブ類です。

使用するキャンドル

　いいキャンドルのお店を訪ねれば分かるように、キャンドルには色々な大きさ、形、そしてデザインのものがあります。しかし、魔法のためのキャンドルは、その種類も10倍あります。人の形をしたもの、コブのあるキャンドル、骸骨やミイラ、はたまた「悪魔」

や十字架のキャンドルまであります！

　色も純白から漆黒まであり、サイズも楊枝ほどの小さいものから巨大な 90 センチのものまで豊富です。

　どれも素敵で高価ですが、そのどれも必要ありません。食料雑貨店や金物店などで購入できるシンプルな小さいキャンドルで十分です。魔法的には、ハチが持つシンボル性と、蜜蝋が自然の産物であるということから、蜜蝋キャンドルが理想的です。

　しかし、残念ながら蜜蝋は非常に高価なので、ハチの巣を持っていなくて、キャンドル作りが得意でないのであれば、もっと安い石油が原料のキャンドルで十分でしょう。

　色には、それぞれ意味があるので、あなたの「願い」に合った色を選びましょう。選ぶには、二つのやり方があります。「願い」に合ったエレメントを選び、そのエレメントの色を選ぶか、付録Ⅰを参考に願い事に合う色を選びましょう。

　どちらにしても、キャンドルが割れたり、壊れたりしていたらパワーがなくなってしまうので、そういったものでないことを確認しましょう。

　魔法のためにキャンドルを購入したら、他のことに使われないように特別な場所に保管するようにしましょう。

キャンドルスタンド

　これも、どんな店で購入してもいいでしょう。一番大事なことは、キャンドルスタンドがきちんとキャンドルを垂直に保ってくれるかどうかです。灯している時に、スタンドが倒れてしまってはいけま

せんし、キャンドルが燃え尽きる時に、キャンドルスタンドに火を移してしまうものもいけません。つまり、木やプラスチックのものではダメだということです。また、金属のキャンドルスタンドのように熱を通してしまうものも、置いた場所を焦がしてしまう可能性があるので注意が必要です。

ハーブ

　ハーブを使いたいのなら、付録Ⅲのリストにあるものを選ぶといいでしょう。絶対に守るべきルールはありませんが、1種類よりも3種類かそれ以上のハーブを使うとよりパワーが期待できます。それぞれ持っているパワーを放つので、1種類のパワーよりもいくつかを組み合わせたパワーの方がより強力です。

　経験則からですが、ハーブの種類は奇数にしましょう。一つ一つがあなたの「願い」に関係していることが重要です。

　ぴったりのハーブがない場合は、ローズマリーを使います。イタリア料理のシェフからも愛されているこのハーブは、ほぼどんな魔法にも使えるため、魔法の分野でも最も登場するハーブです。

◆簡単なキャンドルの呪文

　ぴったり合う色のキャンドルと、キャンドルスタンド、使用するハーブを、何時間も燃やし続けられる平らな場所に持って行きます（祭壇や、他に魔法を行う場所があれば、そこがいいでしょう）。

　キャンドルをキャンドルスタンドに立て、ハーブを一つかみキャンドルスタンドの周りか、もしスペースがあれば中に振りかけます。

ハーブは軽く振りかけるだけで十分です。特にキャンドルスタンドの中で、ハーブがキャンドルと接触した場合は、量が多過ぎると引火するかもしれませんので注意が必要です。

　あとは、キャンドルに火をつけるだけです。でも、せっかくなら魔法らしいやり方でやってみてはいかがでしょうか。電気を消します（キャンドルの魔法は夜が一番適していますが、昼も効力があります）。マッチを頭から離した高いところで持ちます。かっこよくマッチをこすって火をつけ、キャンドルを灯す位置まで下げます。これを行いながら、エレメントのエネルギーが火花となって、あなたの魔法に力を与えるのを想像します。

　キャンドルの炎が明るく燃えたら、マッチを耐熱性の灰皿に投げ入れます（吹いたり、振ったりして消してはいけません）。立ったまま、または座ったまま、キャンドルの炎を眺めながら「願い」を静かに視覚化します。

　キャンドルの土台に振りかけられたハーブは、上に向かって円錐状にエネルギーを送るでしょう。放たれたエネルギーはキャンドルの炎の色と合体し、そこからあらゆる方向に拡散し、あなたの「願い」をあなたの方へ向かわせるでしょう。

　キャンドルを灯しながら、言葉を唱えても構わないし、大きな声で願い事を叫んでもいいですが、その必要もありません。それがなくても炎、キャンドルの色とハーブが仕事に取り掛かるでしょう。

　できれば、完全に消えるまでキャンドルはそのまま燃やし続けます。無理ならば、指でキャンドルをもみ消すかキャンドルの芯を切って消して、できるだけ早く再び火をつけます。絶対に、キャンドルを放ったらかしにしてはいけません。

　このシンプルな儀式の詳細は、述べればきりがありません。簡単

な例は、ルーン文字の使い方です。ナイフを使って「願い」に合ったルーン文字をキャンドルに刻み込んでもいいし、紙切れに描いてキャンドルスタンドの下に忍ばせてもいいでしょう。特に守護の魔法では、キャンドルの周りに小石を並べるのがおすすめです。あるいは、キャンドル自体の波動を引き出すためにキャンドルに香油を塗っても構いません。こういった香油は、それが抽出された植物と同様の魔法の効力が期待されます。付録Ⅲは、最高のガイドとなるので参考にして下さい。

次にキャンドル占いをいくつか述べます。これらは、未来に起こる出来事を占ったり、見抜く力を養ったりするのに炎に助言を求める、古い習わしの痕跡といえるでしょう。

◆複数のキャンドルを使った占い

キャンドルスタンドに、目の前の選択肢の数だけ、同じキャンドルを並べます。簡単な質問の答えを求める場合は、２本のキャンドルを使います。「はい」のために１本。「いいえ」のためにもう１本。

それぞれのキャンドルに選択肢をあてがったら、そよ風が吹く場所で火をつけます。

最初に燃え落ちて、音を立てて消えるのが一番いい選択肢です。

◆３本のキャンドル占い

３本の同じキャンドルを、同じキャンドルスタンドに立て、できれば風のない場所に立てます。三角形に並べて、灯します。

１本が、他の２本と比べ明るく燃えるようだったら、思いがけない幸運に見舞われるでしょう。

弱々しい炎は、負の到来を意味しています。三つの炎が円を描くようであれば、あなたの足を引っ張っている人がいるかも知れません。火花が散るのもよくないサインです。全てのキャンドルが、安定して、邪魔が入ることなく、平穏に燃えているようだったら、あなたの日常に変わりはないでしょう。

◆１本のキャンドル占い

　キャンドルを灯します。隙間風のない場所で数時間燃やします。「はい」か「いいえ」を求める質問をしましょう。

　さあ、静かに座ってキャンドルを眺めます。キャンドルの左側よりも右側が速く燃えるようだったら、答えは「はい」です。反対の場合は、「いいえ」です。

　未来の影響を占うためにキャンドルを灯す場合、右側が幸運を表しています。しかし、右側よりも左側が先に燃えるようだったら、展望はよくないでしょう。

14. ロウの魔法

　キャンドルのロウを使った占いは、火の魔法の中でも、未来を明るくする、火の輝かしい性質を利用したものです。その方法と準備は簡単で、驚くべき結果を出し、助けてくれるものです。

　ロウ占いには、二つの形があります。キャンドルのロウをたらす方法とロウを溶かす方法です。どちらも長所と短所があります。キャンドルをポタポタたらす方が簡単ですが、解釈が難しく、正確に読むにはたくさんの練習が必要です。

　ロウを溶かす方法の方がうまくいきやすいでしょう。しかし、まずロウを溶かす必要があるため、周りの物を汚しやすい上に、注意しないと危険な場合もあります。好ましい蜜蝋、そして石油が原料のキャンドルもそうですが、ロウは途方もなく値段が上がっているので、これも考慮に入れなければいけません。

　しかし、溶かしたロウは答えを読むのが驚くほど簡単です。そのため、お金をかけるだけの価値があるでしょう。これらの二つの方法は、次のように行います。

キャンドルをたらす占い

　この占いを行うためには、緑、黄色、赤、そして青の4つの基本元素の色の細長いキャンドル（少なくとも20センチのものか、もっと長いもの）が何本か必要です。占う度に、各々の色のものが1本ずつ必要です。また、冷たい水が入った丸、または四角い器が必要です。どんな素材のものでも構いませんが、熱に耐えられる陶器かガラスのものがいいでしょう。プラスチックはおすすめしません。

　テーブルの上か他の平らな表面に、キャンドルとマッチ、水の入った器を置きます。これで、ロウ占いの準備が整いました。

　答えを聞きたい質問がある場合は、質問に関係する色のキャンドルを使います。エレメントのシンボルを参考にしましょう（4.「魔法のエレメント」参照）。質問がどのエレメントにも属していないようでしたら、白いキャンドルを使います。

　特に質問はなく、単純に自分の未来を垣間見たい場合は、一般的に占いで使用する黄色いキャンドルを使いましょう。

　質問を思い浮かべ、心を落ち着かせながらキャンドルに火をつけ、しばらくの間水の上でキャンドルを上に向けて持ちます。そして、キャンドルにしっかり火がつき、ロウを溶かし始めたら、水面より2〜3センチ上のところでキャンドルをしっかり持ちましょう。

　水の中にロウがたれ始めるでしょう。

　小さなしずく（ロウの上が滑らかで、下が丸い小さなしずくの形）が現われ、模様を作らない場合は、質問に集中していない証拠です。他のものは全て頭の中から追い払いましょう。ロウは、水の表面に模様を作るでしょう。

うまくいかなったから、しずくが互いに接触して水面に線を作るように、キャンドルをゆっくり動かし始めます。数分間これを続けたら、水面上にはっきりとした形が現れるでしょう。
　現れたら指、またはキャンドル消しを使って炎をもみ消し、横に置きます。ロウの形を見てみましょう。どのように見えますか。壊れないようにそっと手に持ち、引っくり返してみましょう。裏側も同じように見えますか。それとも違いますか。シンボル的にあなたに訴えかけてくるものがあるかどうか、その厚さも確認しましょう。
　次に述べるのは、たらす占いでよく見られる形、模様と、昔からあるその伝統的な意味です。お分かりのように、この占いはやや限界があります。

◆渦巻き
　ロウは水面上で回転するので、最も多く見られる形です。渦巻きは、輪廻、宇宙、世界、そして場合によってはある特定の人生を表しています。そこを越えて発展しなければならないものを意味しているのかもしれないし、前世のものを象徴しているのかもしれません。質問の内容にもよりますが、問題（あるいは、答え）は家庭にあるのかもしれません。解釈は個人の視点で行うべきという、とてもいい例といっていいでしょう。シンボルが、あなたにとってどういう意味を持つか誰にも分かりません。大体、最初に思いついた意味が、正しいことが多いでしょう。

◆円
　円は、永遠と繁殖を意味するので、それに関連した解釈を、答えに結びつけて考えるといいでしょう。例えば、繁殖でしたら、新し

い活動や、経済的な安定、または新しい赤ちゃんがもうすぐできることを意味しているのかもしれません！　あるいは、プロジェクトが成功して終わることを象徴しているのかもしれません。また、永遠ということは、つまりは物事が実現するまでに、長い時間がかかるかもしれないということです。さらに、円は、宗教やスピリチュアルなものの象徴でもあるので、これに関連した解釈もできるでしょう。

◆折れた線

ロウが落ち、できた線がつながっていない場合は、力の分散、またはあなたの人生、仕事、その他の試みに集中力が欠けていることを意味しています。あるいは、あなたに逆らっている力を象徴しているのかもしれませんが、これはあなたの内にあるものかもしれないので、文字通りの受け取り方はやめましょう。いずれにしても、あまりいい模様でないことは確かです。生活に秩序を取り戻す必要がありそうです。

◆点

つながっていない点しか得られない時もあります。前にも言いましたが、占いに集中力が足りないことを意味しているかもしれませんし、今の段階では、答えを求めるには質問が複雑すぎるということかもしれません。ロウ占いを何回やっても点しか表れない場合は、間違った質問をしているかもしれません。質問ではなく未来を覗いてみたいという理由で占っている場合は、少なくともロウと水を使うこの方法は適していないのかもしれません。水とキャンドルから離れて、この本に記されている他の占いを試した方がよさそうです。

ロウを溶かす占い

　この方法は時間がかかりますが、前述したとおり、しばしばより効果があるようです。
　これには二重鍋が必要です。二重鍋がなければ、水をはった鍋に入れたコーヒー缶で代用できます。雰囲気はありませんが、うまくいきます。
　二重鍋（またはラベルを剥がしたコーヒー缶）の上部に、固形を砕いたロウを1カップほど入れます。クラフトショップでロウのシートが売っています。あるいは、ほとんどの食料雑貨店で売っている缶を密封するために使うパラフィンワックスでもいいでしょう。蜜蝋が一番いいですが、繰り返しますが、比較的高価です。
　キャンドルは真っ白のものがいいでしょう。色があるものは、値段が上がる上に、作業も増えます。
　下の鍋に水を1/3ほど入れ、ロウを入れた上の鍋、または缶を入れます。沸くまで加熱します。すぐにロウが溶け始めるはずです。ロウに火がついてしまった時のために、コンロ近くに重曹の箱を置いておきましょう。二重鍋を使っている時に、このようなことは滅多に起きませんが、念のために準備しておきます。
　ロウが溶けている間、別の器に水を注ぎます。ロウが溶けたら、鍋つかみを使って缶、または上の鍋をつかみ、水の入った器のところに持って行きます。質問に集中しながら（あるいは、心を整理しながら）、ロウの半分をすぐに水の中に入れます。缶、または鍋を戻し、火をとめます。さあ、テーブルに戻って、作ったロウの形を見てみましょう。

まだ固くなっていないようでしたら、待ちます。それから用心深く、ロウの全てを固めるために完全に水面下に沈め、最後に取り出します。

　溶けたロウが水に打ち付けられ、それから突然固められる衝撃で、立体的な個体が出来上がるはずです。かなり抽象的な形だったりもしますが、とてもはっきりした形であることもあります。

　しばらく、その形を見ましょう。その正体を探るために、手の中で引っくり返しましょう。形を見出すことができたら、解釈しましょう（3.「魔法のテクニック」参照）。

　どんな超自然的な術でも同じですが、特に占いは練習すれば上達します。

　まだ二重鍋にロウが半分ほど残っていますよね？　水の中に流してもう一つ形を作ってみます。毎回、同じ質問を聞いていたとしたら（聞いていなかったとしても）、二つの形を組み合わせて解釈するのもいいでしょう。より深いシンボルの洞察を可能とするでしょう。

15. 鏡の魔法

鏡よ、鏡よ
この世で一番美しいのは誰？

　私たちが知っている「白雪姫」の中に登場する魔女の女王が、魔法の鏡に向かって尋ねるこのシーンは、魔法を行っていた昔の光景そのものといっていいでしょう。魔法の他の道具と同じように、鏡は自然を手本として作られた道具です。
　最初の鏡は湖でした。湖面が平らな静かな日は、よく映ります。この現象をとらえるために、石が磨かれ、鉄が研磨され、そしてガラスが作られました。裏に薄い銀の幕を付ければ、まるで「凍らせた」透き通る湖のような完璧な反射面ができ上がったのです。
　鏡（そして、反射する全てのもの）は、長い間私たちの想像力をかき立ててきました。伝説や魔法にも度々鏡が登場しますが、それを使った魔法は、現代ではすっかり忘れ去られているようです。
　鏡のシンボル的な意味は、シンプルだけど複雑です。鏡は、月に捧げるために掲げられます。太陽の光を照らす月と同じように、鏡もまた反射するものの象徴なのです。月の作用によるシンボルなので、魔法で使われる鏡は普通丸いものです。

また、鏡は、その助けなしでは決して見られなかったものを見せてくれます。物理的なものだけではなく、前世の記憶や未来の風景、また同じ時間に違う場所で起こっていることといった、もっと次元の高いものを垣間見せてくれるのです。

　鏡の魔法は、おそらく古代のギリシャ、ローマ時代に全盛期を迎えたといわれています。魔法を行う時や化粧を施す際にも、銅を磨いた鏡が使われました。これらの鏡は、手に持つ小さい物でした。

　また、透視をする古い占いの方法に、光る剣やナイフの刃に映る光をとらえるというものがあります。その反射をとらえて集中すれば、光景が浮かび上がってくるでしょう。これも、単純に、鏡の魔法のもう一つの形といっていいでしょう。

　こういった方法は今でも行われていますが、現在の鏡を使った魔法のほとんどはガラス反射鏡を使ったものです。しかし、古い鏡であればいいということは決してありません。銀引きが剥がれたり、くっついたりする欠陥品も多く、その効果を邪魔することもあるからです。

　さっと行う魔法に、ポケットサイズのコンパクトな鏡を使う人もいます。特に女性にとっては、都合がいいでしょう。化粧を直すフリをしてできる魔法は、一つだけではありません。

　いつも覚えておいてほしいのが、鏡は単なる道具だということです。月、あなたの無意識、そして究極的には自然そのものとあなたをつなげてくれるものです。

　次に述べるのは、魔法の鏡の準備方法です。全ての魔法を、魔法の鏡で網羅することはできませんが、一度用意してしまえばどんな時でも使えるので、用意しておくことをおすすめします。しばしば

魔法は偶発的に起こるものなので、用意しておくに越したことはないでしょう。

魔法の鏡

　30〜75センチくらいの丸い鏡を探します。鏡と同じように丸くて、黒に塗られた額に収まっているのが理想ですが、あるもので十分です。

　鏡を手に入れたら、家に持ち帰り、きれいな水で丁寧に表面を洗います。マグワートの煎じ液で洗っても構いません。1カップにつき小さじ1杯の割合です。使う前に、冷ましましょう。

　鏡が乾いたら、黒い布で覆い、満月の夜まで触れられることのない場所に保管します。そして、満月の夜、できれば屋外で、無理だったら窓を通して、鏡に月を照らします。月明かりで鏡をチャージさせ、次の言葉、または似たような言葉を唱えます。

月のレディ
全てを見て、全てを知る者よ
あなたの輝く光に、私の鏡を捧げる
私の魔法と人生を照らして下さい

　さあ、屋内に入り、寝室か普段魔法を行っている部屋の東の壁に掲げます。使わない時は、鏡を覆っておきます。

　少なくとも1年に3回は、鏡を月に照らします。埃っぽくなったら、きれいな水かマグワートの煎じ汁で洗います。鏡を拭くのに、

絶対にアンモニアが含まれたスプレーを使ってはいけません。アンモニアは、全ての魔法を破壊してしまいます。

望むなら、ナツメグやクローブといった「心の」精油で、鏡の裏に三日月の形を描いてもいいでしょう。

魔法以外にこの鏡を使ってはいけません。毎日使う鏡とは別にしましょう。次に、鏡を使った魔法の呪文をいくつか紹介します。

◆ **スクライングのための呪文**

魔法の鏡の前に立ち、覆いを外し、情景が浮かんでくるまで次の言葉を唱えます。

月夜の鏡よ

ガラスの鏡

私に見せて下さい

これから起こることを

私の前に現れる

ベールをきれいに取り払って

これが私の願い

どうか聞き届けて

魔法の鏡を使ってスクライングする最高の時間帯は、日の出か日の入り、または夜です。

◆ **遠い記憶**

明かりを消した暗い部屋に白いキャンドルを灯します。鏡の前に立つあなたの顔を明るくする位置に置きますが、キャンドルを鏡に

映してはいけません。

次の言葉を唱えます。

月の光の巫女(みこ)よ
どうか私に予知能力を下さい

　鏡に映る自分の目の中、その少し上、そしてその間を眺めます。ゆっくり鏡の中の自分は溶けていき、違う顔が現れるでしょう。それは前世のものです。間違いなく、見たことのある顔でしょう。
　練習すれば、この方法は前世について多くを学ぶのに役立つでしょう。顔に波長を合わせてみましょう。他の身体の部分、洋服、宝石、背景など、時代と場所を特定できるものを何でもいいので見る努力をしましょう。
　顔を見ただけで、自分の中で思いがけない感情が引き出されるかもしれません。遠い記憶に閉じ込められた人や出来事を思い出すかもしれません。
　この魔法は、真っ暗に近い場所で行った方がうまくいくでしょう。望む結果を得るために、あなたの顔を照らす光を調節しましょう。

◆簡単な鏡の呪文
　魔法の鏡の前に立ちます。あなたの「願い」に合う色(付録Ⅰ参照)のキャンドルを、両側に置きます。油性鉛筆か(私の初めての先生がいつも使っていた)赤い口紅、または水溶性の絵の具で、あなたの願い事に合ったルーン文字、またはシンボルを鏡に描きます。描くのは、鏡の中の自分の顔の反射が重なる部分です。シンボルが鏡

の中のあなたの姿と溶け込むのを見て、あなたの人生で「願い」が満たされるのを感じましょう。

　目をしっかり閉じて、「願い」を視覚化し、その場を離れます。シンボルは朝まで残し、できればそれを見ずに布で拭き取ります。

◆占い

　小さな丸い鏡を手に取り、水に浸します。湖か小川が最もいいですが、水をはった流しや浴槽でも構いません。すぐに取り出して、自分の姿を鏡で見ます。顔がひどく損なわれていたら、気をつけましょう。悪霊があなたの足を引っ張るかもしれませんし、もうすぐ困難な状況に陥るかもしれません。守護の呪文を唱えましょう。

　しかし、はっきりと顔が見えたらしばらくの間、問題は起こらないでしょう。

◆他の占い

　遠く離れた知り合いが、元気か、病気か、困難と遭遇していないか、無事かを知りたい場合は、次のことを行いましょう。

　暗闇に近い場所で、鏡の前に立ちます。最後に会った時の相手の顔を、なるべく正確に思い浮かべます。顔の視覚化をしばらく保ち、何か変化が起こるかどうか様子を見ます。顔に傷跡が現れたら身体の不調、笑顔だったら幸せを表している……といった具合に読み取ります。あるいは、顔がシンボルによって上書きされるかもしれないので、その場合はそのシンボルを参考に相手の状態を判断します。

　練習すれば、この方法は、遠くにいる友人とつながり、彼らの様子を伺う最高の方法となります。

◆ 鏡の扉

　家の中に悪霊が入り込んだと感じたら、小さな丸い鏡を手に入れます。後ろを黒く塗り、最も悪霊が強く感じられる部屋の天井横の隅に高く掲げましょう。

　できれば、壁に対して45度になるように鏡を掲げます。鏡は、家の中の悪霊を全て宇宙に追い払って、破壊する「扉」の役割を演じてくれるでしょう。

　鏡を掲げたら部屋に立ち、汚い濃い霧となってあなたの回りを反時計回りに渦巻く悪霊を見ます。それから、鏡を見て、宇宙空間へと続く大きな扉が開くのをイメージします。悪霊のこもった黒い霧が鏡によって吸い込まれ、あなたの家や人生から離れて行くのを想像します。

　一度でうまくいかないようでしたら、部屋の中に負のエネルギーがなくなったと感じるまでこれを繰り返しましょう。やり終えたら（きっと、部屋全体がため息をしているように感じるかもしれません）、鏡の高さにくるよう何かの上に立ち、パワーハンドの人差し指で、縦横の長さが等しい十字架を鏡に切ります。それによって、鏡を「封じ」、一方通行にします。悪霊は、外に出られるけれど、中には戻ってこられない仕組みにするのです。

　人差し指で、鏡の上から真っすぐ下に向かって線を描き、指を浮かせて、今度は左から右側の真ん中までなぞり、十字を描きます。

　少なくとも7日間は、鏡をこのままにしておきましょう。それが終わったら、鏡を外し、強い酢かアンモニアの溶液で全ての負を洗い流すように拭きましょう。この魔法に、魔法の鏡を使ってはいけません。

◆月と鏡で行うスクライング

　小さい円形状の、手に収まる大きさの凸面鏡（自動車のバックミラーがちょうどいい）を持って、涼しい、澄んだ満月の夜に屋外に出ます。月が最も高い時間帯がいいでしょう。

　心地よく座って、月の反射を鏡でとらえましょう。白銀の光の小さな点に集中し、あらゆる方面にほんの数センチずつ鏡をゆっくり動かし始め、鏡の表面に旋回したり揺れ動いたりする月の反射を眺めます。

　邪魔されることなく１人でこれを行えば、数分経った頃には、精神世界に誘われるでしょう。

◆外見を改善するためには

　魔法の鏡の前に、１人裸で立ちます。できれば、最も改善させたい身体の部分を全て映します。これには、少なくとも直径75センチほどある大きめの鏡が必要です。

　控えめなキャンドルの光で、鏡の中の自分の姿を見つめます。よく見て点検します。そうしながら、次の言葉を唱えます。

水晶のように透き通って
空気のように澄んでいるあなた
私の身体も
美しくして下さい

　それから、視覚化のパワーを使って、新しい身体を作り始めましょう。皺を伸ばします。出っ張りは凹ませます。筋肉を増やします。頭の中で、身体のあらゆる変化を体現しましょう。

なるべく長く、13分以上はこの視覚化のイメージを保ちます。もう一度身体を見て、また次の言葉を唱えます。

水晶のように透き通って
空気のように澄んでいるあなた
私の身体も
美しくして下さい

毎朝、そして毎夕、この呪文を繰り返します。そして、運動とダイエット、その他あなたの目標をかなえるのを助けてくれる行いをします。

◆追い払う魔法

知り合い、または見知らぬ人や世界から、あなたに邪悪なものが向けられていると感じたら、この魔法を使いましょう。誰かがあなたを傷つけようとしていると確信がなくても、念のためにこの呪文を行いましょう。

小さな丸い鏡を（魔法の鏡ではないもの）、壁にもたれかかるように置きます。あるいは、壁と平行になる位置に、額に入れて置きます。飾り気のないキャンドルスタンドに黒いキャンドルを立てます。鏡にキャンドルが映っているのを確かめて下さい。

今度は白いキャンドルを鏡から離れた所に立て（鏡に映らない方がいいでしょう）、灯します。これは、黒いキャンドルが悪霊を引き込まないようにするためです。

そして、鏡と黒いキャンドルの前に立ち、マッチをつけ、キャンドルを灯しながら次の言葉を唱えます。

> 黒よ、黒よ
> 悪霊を追い払いたまえ

　キャンドルをしばらく眺めながらこれを続け、その後部屋を去ります。
　1時間経ったら、キャンドルの火を消し、(指は使わず、キャンドルの芯を芯切りばさみかナイフの刃で切ってキャンドルを消し)、キャンドルと鏡を片付けます。それから、白いキャンドルの火を消して、見えない所にしまいましょう。この呪文を7晩続けるか、悪霊がなくなったと感じるまで繰り返します。
　この呪文は、あなたに向けられた悪霊を、送ってきた人に跳ね返してくれます。防御にだけ利用して下さい。

◆硬貨と大釜の呪文
　この呪文は、私たちの先祖たちが行っていた金属の鏡の魔法の痕跡です。ここで使う「鏡」は、大きい銀色の硬貨です(アメリカ人の場合、銀硬貨が大幅に他の金属に取って代わられるようになる1964年以前のものを使うといいでしょう。私は、1961年製の自由鐘の50セントの記念硬貨を魔法に使用しています。銀のシンボルは月なので、ぜひ本物の銀の硬貨にこだわってほしいと思います)。
　満月の夜に、大釜(または、表裏を黒で塗られたボウル)に水をたっぷりためます。この大釜と硬貨を、人に邪魔されない屋外に持って行きましょう。
　大釜と硬貨を地面に置き、硬貨を月の方へ持ち上げ唱えます。

光のレディよ
夜のレディよ
私の儀式の
幻影を強めて

　硬貨を水の中に落とします。下に到達したら、月の光の反射をとらえるように、大釜と硬貨の位置を変えます。大釜の真っ黒な内部で、丸い白銀の物体が光っているように見えるでしょう。
　心地よく座るか、膝をつくかして、半分つむった目で硬貨を見つめます。そのうち、透視力が備わるでしょう。

鏡が割れたら

　鏡が割れたら、7年間不運が訪れると思っていませんか？
　迷信ではそういわれています。こういった誤解された情報が広まった理由はいくつかあります。しかし、魔法的な見解から見て最も妥当な理由は、もう1枚鏡を買わなければならないというものです！　最初の近代的な鏡は、14世紀にヴェネツィアで作られました。当時は、結構高価なものでした。間違って割ってしまった召使いの運命は、容易に想像できるでしょう。ご主人か奥方によって、大きな不運がもたらされたことでしょう！
　あなたの魔法の鏡や、他のどんな鏡が割れても、心配しなくてもいいでしょう。魔法的にまだ重要な働きをしてくれます。大きな破片を用心しながら集め、透明な瓶に入れます。鏡の塵も集め、これも瓶に入れます。栓かふたをきつく締めて、自宅の日差しの差す窓

辺に置きます。

　自動的に、これで悪霊や悪い影響が家に入り込むのを防ぐことができます。何千もの破片が、一つ一つ守護の鏡の役割を果たしてくれるのです。瓶から埃を払って置いておけば、効果を発揮してくれます。お好みで、瓶の上に小さい丸い鏡をのり付けしても構わないでしょう。

　終わったら、鏡を新たに買い、必要な時に使えるように準備しておきましょう。

16. 雨、霧、そして嵐の魔法

　天気は、長い間、恐れ、喜び、怒り、そして欲求不満と関連づけられてきました。自然とのふれあいがあまりないと、突然襲った雷雨によってピクニックが台無しになったり、稲妻による一撃で家とその内部を燃やされたりすることもあるかもしれません。

　何世紀もの間、魔法使いと魔女は、天気と共に働きながら、ある程度天気をコントロールする方法を知っていました。

　ここでは、稲妻や濃霧、弱い雨や激しい嵐と関わりのある魔法について書きましょう。雨を降らせるために数えきれないほどの呪文がありますが、ここで述べるのは、ほんの一部です。思った通りの効果を呼ぶものも多いですが、雨を止められなくなることもしばしばです。

雨

　雨は、自然のサイクルを浄化し、清めるためのものです。そのため、雷雨の時は、次のような魔法を使うのに最高のタイミングです。

◆悪い習慣を断ち切る

　水彩絵の具やチョークで、紙切れにあなたの悪い習慣を絵か言葉で記します。すぐに、雨の中に持って行きます。雨に水彩絵の具やチョークの色を分解し、消し去ってもらいましょう。神聖な雨によって、あなたの悪い習慣も分解され、浄化されるでしょう。

◆雨占い

　屋外に雨が降っている時に、次のことを行います。パイを焼く皿やオーブンの天板のような平らな面に、シナモンなどのパウダー状のスパイスを均等にふりまきます。均等の深さに完全に覆ったら、外に持って行き、雨の中に立ちます。あなたが聞きたい質問をした後、中に走って戻ります。雨の粒が、均等のスパイスを崩し、模様やシンボルを刻むでしょう。答えを受け取るまで、静かに座ってスパイスを眺めましょう。

霧の魔法

　霧の魔法は、もやが、あなたのまわりにまとわりつく夜の時間帯が最も適しています。魔法や呪文の効果を出すためには、近くに明かりがあってはなりません。霧の中で、あなた1人にならなければなりません。

　光がある場合は、あなたの後ろにくるように動きます。あなたの前の霧を照らしても、あなたはその明かりによって邪魔されることはないでしょう。

　霧は、外の世界を遮断します。その中では、あなたは完全に1人

です。地球とあなたを結びつけているのは、立っている大地だけです。霧の魔法は、形が曖昧です。霧同様、形を変えます。次に、霧の魔法を行う上でのガイドラインを少し述べましょう。

◆霧をチャージする

　目の前に広がる霧を受け止めます。憎しみ、愛、喜び、欲求不満、恐れ、平穏、恐怖といった特定の感情でチャージしましょう。できるかどうか実験してみます。

　これらの感情が、エネルギーの光る帯となってあなたの身体から離れるのを感じます。霧を切り刻み、光を灯し、明るく輝くのを見ます。

　次に、その感覚を振り払いましょう。霧に足を踏み入れ、振り払う効果を感じます。いろいろな感情があなたから出ていくはずです。

　うまくいったら、もう一つ上の段階に進みましょう。目の前にある濃霧の層に熱を放出してチャージします。霧の中に歩みを進めると、温かく感じるはずです。

　この魔術をマスターしたら、あなたが霧の中を歩く次の機会に、実践的に使えるでしょう。恐怖を感じたら、平穏と勇気の気持ちで霧をチャージします。歩きながらこれを繰り返しましょう。しばらく経ったら、あなたの恐れも消え去っているでしょう。

　あるいは、懐が寂しく感じることもあるかもしれません。目の前に広がる霧を金色のエネルギーでチャージします。金の硬貨が光り輝きながら、ミスト状の空間の中に、狂ったように浮かんでいるのを視覚化します。歩きながら、その視覚化した硬貨を「拾い上げ」ポケットに入れます。

この魔法は色々なことに使えます。

◆守護の霧
再び濃い霧の中を歩く機会があったら、霧が時計回りにあなたの身体をまとわりつき、白く光り輝く固い繭(まゆ)を作るようなイメージを持ちます。

これをマスターすれば、霧の中で待ち受ける、見知らぬものに対して、最高の守護の呪文となるでしょう。

◆霧の中での魔法の練習
集中するパワーを伸ばすために、またパワーそのものを実演して見せるために、霧の中で、霧が見えるところに立ちます（日中、または光の側で）。

リラックスしながら、霧の中を真っすぐ見つめます。目標は、霧の中に真っすぐ穴を空けることです。霧が蒸発するように無理強いしてはいけません。単純に、しっかりと霧の中を見ます。正しくやれば、穴が空き、無限の宇宙とつながるでしょう。

◆霧の視覚化
あなたの頭の中に誰かが忍び込んでいると感じた場合、または誰かに考えを読まれていると感じた場合、時計回りに渦巻いている、突き通せない濃い霧をあなたの頭の中で視覚化します。常に動いている濃厚な塊を意識します。この視覚化が保たれれば、どんな霊能力を使った盗み聞きも抑えることができます。

これを使う必要性はあまりないかもしれませんが、知らないうちに、頭の中に入り込もうとする人がいるのは事実です。この視覚化

を使って、彼らの試みを阻止しましょう。

嵐

　稲妻が走る雷雨の折には、大きなエネルギーが発せられます。稲妻の電気のエネルギーは、水（雨）の磁気を帯びた力と混ざり、非常に強力な魔法の組み合わせを作ります。
　激しい雷雨の時に行われる魔法はどんなものでも、たっぷりパワーがチャージされます。
　このため、通常嵐がきそうな時は、特に暗くなってからきそうな時は、腕のいい魔術師や魔女はすぐに仕事に取り掛かるのです。
　まず、家自体を、続いてその中身、とりわけ中に住んでいる住人を守る必要があります。

◆稲妻を伴う嵐の時に行う、家のための呪文
　白と黄色のキャンドルを、それぞれ1本ずつ灯し、家の一番大切な場所に置きます（魔法、または宗教の祭壇が理想的です）。
　そして、次の言葉を部屋から部屋へと家中を歩き回りながら唱えます。全ての部屋を巡り、全ての洋服ダンス、戸棚、そして玄関を少なくとも一度は訪れましょう。

　　　　　柔らかい雨の女主人よ
　　　　　　嵐の支配者よ
　　　　　悪や災いから守り
　　　　危害から私を守って下さい

そして、空に火が飛び散る間
また、雨の粒が激しく叩き付ける間
私の愛する者があなたの加護にありますように

嵐が過ぎ去るまで
風、風よ、私の近しい者を守って
光、光よ、危害を加えないで
雨、雨よ、すぐに止んで
土、土よ、私の大事な者を守って

　嵐が周辺から過ぎ去るまで、あなたの家は封じられ、安全に守られるでしょう。

◆稲妻の魔法

　さあ、仕事に取り掛かります。どんな魔除けも護符も、幸運のお守りも個人のパワーを秘める物も、空から振ってくるエネルギーでチャージできるでしょう。

　チャージする物（治癒や守護などに関する物など、稲妻の電気のエネルギーによってチャージが必要だと思う物だけ）を屋外に持って行きます。雨と雷を十分に浴びるような場所、しかも流されて物がなくなってしまうような場所ではない所を選びます。

　家や他の建造物の屋根の上に置いてはいけません。木に結んだり、大きな器に入れたりしてもいいでしょう。チャージするための安全を確保して下さい。

　嵐が過ぎ去ったら、それらを屋内に取り込み、慎重に乾かし、安全な場所に保管しておきます。強くチャージされているので、エネ

ルギーで輝いているはずです。

◆雷から守る

　外の雷が激しかったら、雷に対抗する魔法で、落雷を防いだ方がいいかもしれません。この魔法には、小さじ１杯ずつのパセリ、ニワトコの実、ミスルトー、そしてエイコーンと粉々にしたファーン少々が必要です。これらを白い素材の小さな袋に入れ、粗い岩塩でいっぱいにして、家の中の一番高い場所に吊るします。屋根裏部屋があれば、最高でしょう。これであなたの家は、雷から守られるでしょう。

　伝統的に、雷から家を守るためにオークの木を家の側に植えたようです。激しい嵐が頻発する地域に住んでいる場合は、これを検討してもいいでしょう。

　そして、最後に、もう一つ雷の魔法を伝授しましょう。嵐が過ぎ去った後、雷が落ちて倒れてしまった木を見つけた場合は、焦げた真っ黒い木片を手に入れましょう（木の一部を使わせてもらったら、木のために何か植えることを忘れずに）。雷が落ちたその木を病人が手に持ち、身体の疾患のあるところを木でこすってから背中に向かって放り投げたら、どんな病気も治るといわれています。

嵐が過ぎ去ったら

　雨と雷が過ぎ去ったとしても、完全に嵐が終わったかどうか分からない場合、昼間だったら空を見上げます。鳥がいたら、いいサインです。でも確実に知りたければ、飛び立つ鳥を見ながら、大きな

声で次の言葉を唱えます。

空の鳥よ
自由気ままに飛んでいる
ここで雨は降る？
それともあちら？

　鳥が飛び立つ瞬間、歌うのをやめ、飛び立つ方向を眺めます。もし東に向かって飛んで行ったら、嵐は去っています。南に向かって飛んで行ったら、もっと激しい嵐がこちらに向かっています。西に飛んで行ったら、再び雨が降り始めますが、北に飛んで行ったら、そのままその日は大きな崩れはないでしょう。あるいは、次のように韻を踏むように唱えてもいいかもしれません。

東は晴れ
南は嵐
西はまだ雨
北は夕暮れ

天気に影響を及ぼす

　すでに書いた通り、天気をコントロールすることは危険を伴います。しかし、状況によってはそういう魔法が必要な時もあるでしょう。切羽詰まって必要性に駆られた時は、使ってもいいでしょう。

母なる大地は偉大な力を持っていることをお忘れなく。彼女の考え（天気）を変えるよう説得するのは、簡単ではありません。

◆雨を降らせるには
　人のいない自然の多い屋外の場所で、ヘザー、ファーン、そしてほうきを燃やします。煙が上ると同時に、それらが雲になっていくのを視覚化します。次第に黒い雲となって、地面にたまった雨を打ちつけるイメージを持ちましょう。

◆雨乞い
　バケツ、鍋か大釜に水をいっぱい入れます。粉々になった乾燥ファーンの葉を足して、新しいほうきとともに、雨を降らせたいと思っている場所に持って行きます。ほうきの穂先で、時計回りに大釜の中身をかき混ぜます。ゆっくり混ぜながら速さを上げ、次第に水が激しく周りに打ちつけられ、まるでほうきの柄が勝手に回っているかのように見えるまでスピードを上げていきます。
　その間、激しさ極まりない嵐を視覚化しましょう。乾いて割れた大地にドッと舞い降りる雨の粒と吹き上がる砂埃。木々やあなたの服をむち打つ風。雷の臭いなど、炸裂するパワーを爆発させる自然の姿を思い浮かべましょう。
　自分に打ちつけられる激しい雨、そしてむち打つ風をはっきりと想像できたら、ほうきの濡れた穂先を空に持ち上げ、力の尽くす限り振りましょう。再び大釜に戻し、あなたの周りを嵐が狂ったように暴れ回っているのを想像しながら、一連の動きを繰り返します。
　ほうきを下に向かって放り投げます。器を上に上げ、その中身を上に向かって放り投げます。

さあ、心の準備をして！　大雨が降りますよ！

◆迫り来る嵐を止める

　木材を切るのに使われた斧を手に入れます。手につかんで、あなたの私有地の境界線まで走り、頭より上に斧を振り上げます。向かってくる嵐に向かって、それを切り刻むように、半時計回りに斧を振り回します。風は鎮まり、嵐はあなたやあなたの私有地を避け、方向転換をするでしょう。これで魔法は成しとげられました。

　この方法は、その昔、もうすぐ迎える収穫を台無しにする雨を退散させるために、農夫の間でよく使われていました。

◆雨をやませる

　２本の枝で、長さが均等の十字架を作ります。上から塩を振りかければ、雨はやむでしょう。屋外で行います。

　これらの魔法は、当然、効果がある時とない時があるでしょう。環境をコントロールしたいという私たちの切なる願いが、数千年かけてこういう形となりました。しかし、実際のところ難しいものです。地震をコントロールすることができないのと同じくらい、天気もコントロールすることはできません。自然は、解き放たれていなければなりません。そうでないと、もっと大変な問題が誘発されるでしょう。

　好きに振る舞う自由を地球に与えましょう。定期的にうっぷんを晴らさせ、必要最低限の時だけ、私たちは最後の手段としてこれらの魔法を使いましょう。

　これが、魔法が効くかもしれない唯一の条件です。

この話を終えるにあたり、皆さんに実用的な魔法を一つ伝授しましょう。屋外で卵をゆでると、雨が降るといわれています。
　次にキャンプに行く時は、ゆで卵を事前にゆでて持参しましょう。でないと、土砂降りの休暇になってしまうかもしれませんよ！

17. 海の魔法

　海の魔法には、海の近くで行うものや、海にまつわる物や海から変化した物を使うものが含まれます。

　海は何千年も前から、崇拝、恐れ、供養、祈祷の対象、または畏怖される対象として見られてきました。神や女神、人魚や人魚姫、ウンディーヌ（水の精）や大蛇、また、船乗りを誘惑して、死ぬまで危険な岩に置き去りにするぞっとするような怪物や魅惑的なセイレーン（ギリシャ神話に出てくる半人半鳥）の住処となってきました。

　その波の下には、かつて生命が営まれていたアトランティス、レムリア、リオネスといった古代神話の地や文明がたたずんでいます。そういう意味で、海は始まりであり終わりであり、ギリシャ文字の始めのアルファであり終わりのオメガであり、全ての生命の源であり、命を与え続けているものなのです。

　今と同じように昔も、人々は海辺か川の近くに集まってきました。そこにいれば、魚や甲殻類、そして海藻などが簡単に食料として手に入るのに加え、リードとピッチといった工芸品や、木材や麻のロープ、またもっと後には、海に浮かんで遠くの土地へ旅する洗練された船を作るための材料が手に入る場所でした。

食料、つまり人生そのものを海に頼った人々は、海を擬人化しました。その結果、深い海の底から神や女神が生まれ、弱い人々を優しく抱擁するために両手を広げる一方で、時にはもろいボートを壊し、住む村をのみ込んでしまう大波をおこしました。
　川や井戸と同じように、海は人々に崇められてきました。宗教的な儀式と共に魔法が行われ、それが今日にも至っています。
　今となっては、古い海の神々の多く、例えば、ポセイドン、アイリス、リル、ポントス、マリ、ネプチューン、ショニー、ティアマト、ディラン、マナナンは本の中の存在です。それら全てが、またこれ以外の神々も、神酒を注がれ、お香をたかれ、進物を捧げられてきました。
　しかし、本には書かれていないことですが、これらの神々はまだ存在します。海のため息とともに、彼らのささやきは聞こえますし、そのパワーも月とともに欠けたり満ちたりしています。立ち上がって存在を示すためのタイミングをじっと待っているのです。
　海の魔法を行う上で、海やその神々を崇拝する必要はありませんが、無限大のパワーの宝庫として尊敬する必要はあります。海は私たちの先祖から伝わる母であり、私たちが住む大陸よりも、山や木、石よりも古いものです。時間そのものといっていいでしょう。
　海の魔法は、海の近くで行うにこしたことはありませんが、道具をいくつか揃えることさえできれば、次の魔法の多くは、少し場所を変えてどこで行ってもいいでしょう。
　困った時は、ボウルいっぱい注いだ水に塩を入れれば海として使えるし、風呂にためた塩水も同様です。貝や砂や海藻などは、アンティーク店や専門店で探してみましょう。
　海の魔法は、海と同じで神秘的で柔軟です。次に少しその例を述

べましょう。

潮の満ち引き

　全ての魔法に月が重要な意味を持つのと同じように、潮の満ち引きは、海の魔法の重要な要素を担います。海の鼓動であり、魔法によって呼び起こしたり、引き出したりできるパワーの源といえるでしょう。
　潮の満ち引きの支配者である月と、潮の満ち引きには、4つの様相があります。

1．満ち潮。潮が満ちている時（干潮から満潮へ）。
2．満潮。12時間の間で、最も海面が高い時。
3．引き潮。潮が引いている時（満潮から干潮へ）。
4．干潮。12時間の間で、最も海面が低い時。

　一般的に、干潮は魔法で使われることはありません。しかし、瞑想や内省、前世を覗き見するにはいい時間帯です。
　前向きで生産性の高い魔法は、全て潮が満ちている時に行われるべきです。多産、金運、愛、ヒーリングなどの魔法に向いています。伝統的に、前向きなものも負のものも、いいものも破滅的なものも、どんな魔法も満潮の時に行うのが最も適しています。
　引き潮の時は、破壊的、または追い払うような性質の魔法が最も向いています。
　毎日、2回の満潮と2回の干潮があります。スポーツ釣り具店や

図書館に潮の満ち引きを記した表があり、また海辺の街や市であれば、新聞にもその表が載っています。海の側に住んでいたら、魔法を行おうと思う日の潮の干満を調べ、適した時を選べば、いい結果が望めるでしょう。しかし、これは魔法や呪文全般にいえますが、必ずしもそうでなければいけないということではありません。

　大切な儀式の場合は、1か月の中で最も潮が高い満潮時に行うのが、縁起がいいでしょう。1か月の潮の満ち引きの表を観察し、海が海岸に対して最も水位が上がる日を探します。この日が最も潮が高い日で、常に満月と連動しています。しかし、待てない場合は心配しないで。それによって、魔法が台無しになるようなことはありません。

　潮が高い日は、エネルギーが加わります。また、潮の満ち引きを計算した方がいい理由が、もう一つあります。人里離れた海辺で行う儀式は、刺激的で、夢のような体験でしょう。しかし、もし潮の流れが速く、周囲に岩が多く、断崖絶壁に面している場所だったら、閉じ込められて出口がなくなってしまうかもしれないのです。

　実際、私もある晩にこれを経験しました。砂浜で夢のような夜を過ごした後、潮が危険なほど高く上昇しました。車に戻るために、暗闇の中、ぎざぎざした崖を越えなければなりませんでした。振り返ると、砂浜は完全に海にのまれていました。それ以来、私は必ず潮の満ち引きを調べるようになりました！

道具

　海の魔法に必要な道具は、海の中、または波によって打ち寄せら

れたものの中に見つかるでしょう。自然のものも人工的なものもあり、海そのものと同じくらい古いものもあれば、夜明けと同じくらい新しく新鮮なものもあります。時代によって、また場所によって道具に違いはありますが、最も知られているものを紹介します。

◆貝殻

　海の贈り物である貝殻は、海の神を表すものとして使われます。長くて渦を巻いた貝殻は神々を、丸い貝は女神たちを表しています。タカラガイは、もう何世紀もの間女神を表すものとして使われてきました。

　そのため、多くの魔術師と魔女は、自宅で海の魔法を行う際に、祭壇に貝殻を飾ります。

　海辺で魔法を行う際は、あなたの「願い」をかなえるために集められた貝を並べて守護の円を作ってもいいでしょう。

　かつてお金として使われていたこともある貝殻は、繁栄や金運上昇を願って吊るされたり、身につけられたりしました。

　また、しっかりした形の大きな貝殻を耳元に持っていってみましょう。海の音が聞こえます。あなたに語りかけてくるでしょう。未来や過去についてのメッセージを受け取るかもしれませんし、海の音で気持ちが静まり、その結果、超自然的なメッセージを受け取るかもしれません。

　海辺で見つけた特別な貝は、守護や幸運のお守りに作り替えてもいいでしょう。

　自宅に貝殻を置けば、海からのサインが分かります。耳元に持っていき、聞いてみましょう。聞こえてくる音が大きければ海は荒れています。反対に、静かだったら、海も落ち着いて平穏です。

家の玄関に置かれた貝殻は、幸運を呼び込むでしょう。
　ホラ貝やその他の大きな貝は、負のエネルギーを追い払うと同時に、儀式や呪文の際に神やいい精霊たちを呼び込むために、海辺の儀式で鳴らされます。

◆流木
　海の塩が染み込み、海辺で太陽によって干された流木は、魔法でしばしば登場する儀式のたき火に最適です（7．「火の魔法」参照）。
　流木そのものを使っての魔法もあります。ちょうどいい大きさの流木に、ナイフを使って「願い」を刻みます。「願い」がかなうように気持ちを込めながら、流木を海に投げ入れます。
　また、もう少し小さい流木に守護のシンボルを描いて、力を引き付けたり払ったりするための護符やお守りとして身に付けてもいいでしょう。
　あるいは、流木で魔法の杖のようなものを作っても構いません。この杖を使って、砂に魔法を行うための円を描いてもいいでしょう。砂にルーン文字を描くために使ってもいいでしょう。使う流木の大きさ、形、また種類にルールはありません。海が与えてくれるものであれば、何でもいいでしょう。

◆玉浮き
　アメリカの北西部の太平洋の砂浜には、玉浮きが打ち上げられることがあります。世界中の海岸線でも同じように、玉浮きが打ち上げられる場所があります。
　何十年も前に、魚釣りの網を持ち上げる役割のために使われたこういった玉浮きは、青や緑色がかったガラスで作られていました。

厚いガラスでできた玉浮きは落としたり、壊れたりするとはじけます。また、玉浮きの底は、作るときに固く封じられたことによって、少し持ち上げられたガラスの塊でできています。
　残念ながら、最近使われている玉浮きはプラスチックでできています。もし、海辺でガラスの玉浮きを見つけることができたらとても幸運です。見つけられなかったら、アンティーク店や土産物店で購入しましょう。玉浮きが実際海で使われていたものかどうか確認しましょう。海で使われていたものは、チャージされ、パワーが込められています。
　古いもの、新しいものに関わらず、満潮の時に玉浮きを海に持って行きましょう。3回海につけ、次の言葉を唱えます。

*青い（または緑の）ガラスの球よ
ここであなたをチャージする
私にとって心の恵みとなるように
塩水に触れれば、あなたのパワーは解き放たれる！
これが私の意志。どうか聞いて下さい*

　自宅に球を持ち帰り、青みがかった緑の布に包み、安全な場所に保管します。
　さあ、玉浮きをスクライングのために使う準備が整いました。取り出して、塩水で底を清めて、布ごと手で持ち、占ってみましょう。

◆ 穴のあいた石
　海辺で穴があいた石を見つけたら、大事な魔法の道具だから持ち帰りましょう。穴の開いた（「holey」は「穴のあいた」という意味

で「聖なる」の「holy」にかけている）石は、家を守ってくれるように家に吊るしたり、お守りとして首の周りにつけたり、他にも色々な魔法の用途に使われます。

例えば、穴のあいた石にぴったりはまる小枝を探し、中にきつく入れます。そして、海に投げ入れましょう。愛が訪れるでしょう。

また海の精霊たちを見たい時は、夜、満潮の時に穴のあいた石を海に持って行きます。海に向かって片方の目を閉じ、穴のあいた石をもう片方の目に押し付けます。穴を通して見たら、精霊が見えるかもしれません。

ヒーリングのためには、お風呂のお湯の中に入れます。塩を足して中に入りましょう。この場合、石はこの用途のみに使います。

穴の空いた石は、海からの無償の贈り物で、魔法の道具の中でも最も貴重な物です。永遠のシンボルであり、自然の女性の力の象徴であるため、幸運のアイテム、また効果のある魔法の道具以上の、実に神聖なものなのです。

◆海藻

世界のあらゆる地域で重要な食料でもある海藻ですが、ここ西海岸では、色々な食べ物の加工や保存、また歯磨き粉やアイスクリームとして使用する以外ではあまり使われません。しかしながら、海藻には色々な魔法的な使い方があります。

どんな種類の海藻でもいいので、小さな海藻を屋外に干します。完全に乾いたら、家に干します。火事から家を守ってくれるでしょう。

また、干した海藻は、海辺で火をたきつけるのにも使われたり、屋外に干して天気を示す指示器としても使われたりします。海藻が

縮こまったら晴れるでしょう。しかし、膨張して、触っても湿っていたら雨が降る可能性が高いでしょう。

　あるいは、ウイスキーが入った小さな瓶に小さな海藻を入れ、きつくふたをして、日光が入る窓辺に置けば、家に金運が舞い降りるでしょう。毎日瓶を振るといいでしょう。

　次に述べるのは、今でも行われている海の魔法です。海、または大きな湖や川の近くにいたら、誰が行ってもいいものです。

◆浄化
　魔法や呪いをかけられているように感じたり、怒っていたり、恐れや心配で錯乱していたら、夜明けに海の中に入ります。あなたに向かって波が打ち寄せるのを感じながら、次のようなことを唱えます。

浄化の行為を行う
全ての命の始まりの場所で
波が身体と心に打ち付けられ
浄化された海に埃が落ちる
私は、新しくなり、新鮮
海と同じくらい新鮮

　海から砂浜に上がり、風に身体を乾かしてもらいます。これで終了です。

◆ トランス状態に陥る

　高潮の時の海岸線より高い位置の海辺に座って目を閉じます。リラックスして、波が引いたり、打ち寄せたりする音に耳を傾けます。トランス状態に陥るでしょう。

　あるいは、海に映る満月を眺めます。あなたが座っている位置から海岸線まで目で追い、また戻ってきます。トランス状態に陥るまで繰り返しましょう。

◆ 海の魔女の瓶

　マヨネーズの瓶のようなきつく閉まるふたがついた大きな瓶と袋を用意し、朝早い時間にそれを持って海に行きます。満潮のすぐ後が理想的です。

　波によって砂浜に打ち上げられた小さな流木や貝殻、石やその他自然の物を拾いながら海辺を歩きます。それらを袋に入れましょう。たくさんの物を拾ったら、拾うのをやめて海辺に座り、自分の前に広げてみます。

　一つ一つ瓶に入れながら、次の言葉を唱えます。

私が見つけた海の魔除け
中に守護のエネルギーが閉じ込められている

　全て瓶に収まったら、手の中に半分ほど新鮮な砂を拾い、瓶に足してから海水で一杯にします。

　瓶のふたをきつく締めるか栓をして、家に持ち帰ります。敷地内の、できれば玄関付近の地面に、瓶を入れるだけの大きさの穴を掘ります。穴に瓶を入れながら次の言葉を唱えます。

> *砂浜の波よ、変化する潮よ*
> *今は、静かな海となっている*
> *海に全ての悪を追い払って*
> *この私の意志を、どうか聞き届けて*

　瓶に土を被せ、土を元通りの形に戻します。瓶を埋めることができなければ、植木鉢に入れ、土か砂で覆い、自宅の側のどこか屋外に置きましょう。
　瓶は、あなたの家とそこに住む家族を守ってくれる道具となってくれるでしょう。

◆パワーを放つ

　砂浜で座って瞑想をします。あなたの「願い」を視覚化します。パワーを感じます。エネルギーがピークに達したら、波が砂浜に打ちつけられるのを待ってから放ちましょう。波がパワーを拡大させるでしょう。

◆海の恋の呪文

　金曜日のできれば夜の時間帯の満潮時に、リンゴとクローブを持って海に行きます。砂浜に行って、リンゴの周りをクローブで飾りつけ、中に3回愛を表すルーン文字を描きます（付録Ⅱ参照）。
　さあ、パワーハンドでリンゴを持ち、あなたの愛の欲望を注ぎ込み、次のような言葉を唱えます。

> *愛のリンゴ、火のクローブ*
> *これが私の願い、そして欲望！*

あなたからできるだけ離れた海中にリンゴを投げ入れます。あなたの「願い」はきっとかなうでしょう。

♦バケツの呪文
海で鉄のバケツに海水をため、海水を戻します。これをもう2回繰り返します。毎回海に海水を戻す時に、次の言葉を唱えます。

あなたのものを返します
私のものを返して下さい

この呪文は、船乗りや漁師を海から無事に家に帰らせるために行われるものです。

♦海に出ている者とコミュニケーションを取る
大きいクリスタル・ガラスの器に海水をたっぷり入れます。砂の上に載せ、その前に座り、水面に向かって手のひらを下に向け、はっきりコミュニケーションを取りたい人を視覚化します。手を離し、想像力を使って水面にあなたのメッセージを「書き」ます。

次に、水を海に投げ入れます。この呪文で、海にいる者にメッセージが届くでしょう。

♦海の呪文
これは、何にでも使える呪文です。

潮が高くなり始めたら（干潮の後。でも満潮の前）、海辺に行きます。ちょうど波が砕ける線のところの砂の上に、指を使って直径

30センチほどの円を描きます。

次に、円の中にあなたの「願い」に関連するルーン文字、またはイメージを描きます。描きながら、指が砂を掘る箇所から、青い液体の炎が砂に向かって打ちつけているのをイメージします。描けたら、濡れた砂に描かれた溝からパワーが放たれているのを感じ、あなたの「願い」を完璧に表した青光りする水を視覚化します。しっかりと視覚化しましょう。

さあ、後ろに下がって、波があなたの描いたイメージを流し、あなたの命令に従うために必要なエネルギーを解放するのを待ちます。

ある日、私は小雨の日に砂浜でこの魔法を行っている時に、波がルーン文字を流してくれるのを待っていました。すると、波がルーン文字を持って行ったと同時に、砂に描いたそのルーン文字からエネルギーの塊が私を打ち、胸に直撃したのを感じました。本当に身体で感じる経験でした。エネルギーは解き放たれ、私の願いをかなえてくれました。

◆貝殻の魔法

海辺で十分な量の貝殻を集めます。標本のような磨かれた完璧な貝殻である必要はありませんが、比較的形が整ったものがいいでしょう。これはもちろん、正しい干潮の時に行った方がいいでしょう。

人里離れた海辺で、貝殻を手に（または袋に入れて）持ったまま、しばらく波を眺めます。7番目、または9番目の波は他の波と比べて大きいでしょう。迷信といわれるこの現象を、私はアメリカの西海岸で実際に観察して、この目で見ています。

この大きな波が去った後すぐに、新しく洗われた砂の上に、貝殻を使ってあなたの「願い」を表す大まかな絵を描きましょう。あるいは、単純に貝殻で文字にしてもいいでしょう。
　素早く行動し、後ろに下がって、大きな波が再びやってくるのを待ちます。もし波が来た時に、あなたの貝殻が波と共に海へとさらわれていったら、あなたの「願い」はかなうでしょう。

あとがき

　夜明けです。霧がかった森の遥か上空で、野鳥がエクスタシーの鳴き声をあげて、太陽のご来光を告げています。苔に覆われた木々の間から、森の床を優しく踏み鳴らしながら、男性が1人歩いてきます。
　男性は、包まれた空気を覗き込み、1本の木を見つけます。微笑み、そのゴツゴツした枝の下まで歩いて行きます。コートのポケットから炭となった枝を取り出すと、男性は葉っぱに丸いシンボルを描きます。
　吐き出す息で、周りの空気が凍りついていきます。それから、男性は落ちている枝を使って、木の大きな幹に葉っぱを縛りつけ、それを称賛するために1歩下がります。
　森に朝日がこぼれ、その輝く光が霧を追い払っていきます。これを見た男性は、手で埃を払い、最後にもう一度木を眺め、家路へと向かいます。
　そよ風が、森全体を揺らします。突然、古い木の幹に光が射し込みます。木の周りを描くように風が強く吹き、枝が放たれるまで引っ張ります。
　風が、シンボルを描いた葉っぱをとらえます。光の中で葉っぱは、

黄金色に輝きながら、上へ上へと、鳴いていた野鳥を越え、太陽に向かって上っていきます。

　魔法が始まりました。

付録 I
色と魔法の関係

白……………守護、平和、純粋、真実
緑……………治癒・ヒーリング、金運、繁栄、幸運、多産・肥沃
茶……………物理的対象、動物の治癒・ヒーリング、家や家庭
ピンク………感情的な愛、友情
赤……………性愛、情熱、エネルギー、熱意、勇気
黄色…………直感力、占い、勉強、学び、精神
紫……………パワー、重い病気の治癒・ヒーリング
青……………治癒・ヒーリング、瞑想、平穏
オレンジ……力、権力、魅了、幸運
黒……………負のものの吸収、負のものの破壊

付録Ⅱ

ルーン文字

ᚹ	愛	ᛒ	多産・肥沃
ᚦ	安心		治癒・ヒーリング
	困難な事柄を成し遂げる		守護
	所有物（有形の物を表す）		健康
	富		守護

付録III

ハーブ

以下のリストでは、様々な魔法の目的別に適したハーブを、項目別に記しています。

◆ **仕事**
　・BENZOIN／ベンゾイン　　・CINNAMON／シナモン

◆ **占い・予知**
　・ANISE／アニス
　・ASH／アッシュ
　・BAY LAUREL／ベイローレル
　・BISTORT／ビストート
　・CHICORY／チコリ
　・CINNAMON／シナモン
　・CINQUEFOIL／シンクフォイル
　・EYEBRIGHT／アイブライト
　・GOLDENROD／ゴールデンロッド
　・GUM MASTIC／マスティックガム
　・JUNIPER／ジュニパー

- MARIGOLD ／カレンデュラ
- MUGWORT ／マグワート
- NUTMEG ／ナツメグ
- PATCHOULI ／パチョリ
- ROSE ／ローズ
- ROSEMARY ／ローズマリー
- SANDALWOOD ／サンダルウッド
- STAR ANISE ／スターアニス
- THYME ／タイム
- WORMWOOD ／ワームウッド
- YARROW ／ヤロウ

◆多産・肥沃
- CUCUMBER ／キューカンバー
- MANDRAKE ／マンドレイク
- MYRTLE ／マートル
- OAK ／オーク
- PINE ／パイン
- POMEGRANATE ／ポムグレナート
- POPPY ／ポピー
- ROSE ／ローズ
- SUNFLOWER ／サンフラワー
- WALNUT ／ウォルナット

◆治癒・ヒーリング
- AMARANTH ／アマランサス

- ANEMONE／アネモネ
- APPLE／アップル
- ASH／アッシュ
- BALM OF GILEAD／バームオブギリアド
- CARNATION／クローブピンク
- CINNAMON／シナモン
- EUCALYPTUS／ユーカリ
- HOPS／ホップ
- LAVENDER／ラベンダー
- MYRRH／ミルラ
- NARCISSUS／ナルシッサス
- ONION／オニオン
- PEPPERMINT／ペパーミント
- RED GERANIUM／レッド・ゼラニウム
- ROSE／ローズ
- ROSEMARY／ローズマリー
- RUE／ルー
- SAGE／セージ
- SANDALWOOD／サンダルウッド
- SPEARMINT／スペアミント
- THISTLE／シスル
- VIOLET／スイートバイオレット

◆愛
- APPLE／アップル
- ASTER／アスター

- CARAWAY ／キャラウェイ
- CORIANDER ／コリアンダー
- CUMIN ／クミン
- JASMINE ／ジャスミン
- LAVENDER ／ラベンダー
- LOVAGE ／ラビッジ
- MARJORAM ／マジョラム
- MEADOWSWEET ／メドウスイート
- MYRTLE ／マートル
- ORANGE ／オレンジ
- ORRIS ／オリス
- ROSEMARY ／ローズマリー
- TORMENTIL ／トーメンティル
- VERVAIN ／バーベイン
- VIOLET ／スイートバイオレット
- YARROW ／ヤロウ

◆精神的なパワー
- BALM OF GILEAD ／バームオブギリアド
- CARAWAY ／キャラウェイ
- CLOVE ／クローブ
- HAZEL ／ヘーゼル
- HONEYSUCKLE ／ハニーサックル
- LAVENDAR ／ラベンダー
- PERIWINKLE ／ペリウィンクル
- ROSEMARY ／ローズマリー

- RUE ／ルー

◆ 金運
- ALMOND ／アーモンド
- BASIL ／バジル
- BERGAMOT ／ベルガモット
- BRYONY ／ブライオニー
- CAMOMILE ／カモミール
- CINQUEFOIL ／シンクフォイル
- CLOVE ／クローブ
- HIGH JOHN THE CONQUEROR ／ハイジョンザコンカラー
- HONEYSUCKLE ／ハニーサックル
- HYSSOP ／ヒソップ
- JASMINE ／ジャスミン
- MINT ／ミント
- PATCHOULI ／パチョリ
- PINE ／パイン
- SAGE ／セージ
- SASSAFRAS ／サッサフラス
- VERVAIN ／バーベイン
- WHEAT ／ウィート

◆ 平和
- BASIL ／バジル
- CUMIN ／クミン
- FRANKINCENSE ／フランキンセンス

- ROSE／ローズ
- VALERIAN／バーベイン

◆守護
- ANGELICA／アンゼリカ
- ASH／アッシュ
- BALM OF GILEAD／バームオブギリアド
- BAY LAUREL／ベイローレル
- CYCLAMEN／シクラメン
- DILL／ディル
- FENNEL／フェンネル
- FERN／ファーン
- HYSSOP／ヒソップ
- MISTLETOE／ミスルトー
- MULLEIN／マレイン
- PEONY／ピオニー
- ROSE GERANIUM／ローズゼラニウム
- ROSEMARY／ローズマリー
- ROWAN／ローワン
- RUE／ルー
- ST. JOHN'S WORT／セントジョーンズワート
- SNAPDRAGON／スナップドラゴン
- TARRAGON／タラゴン
- VERVAIN／バーベイン

◆浄化
- ANISE ／アニス
- BASIL ／バジル
- BAY LAUREL ／ベイローレル
- DRAGON'S BLOOD ／ドラゴンズブラッド
- ELDER ／エルダー
- FRANKINCENSE ／フランキンセンス
- HYSSOP ／ヒソップ
- LAVENDER ／ラベンダー
- LEMON ／レモン
- LEMON VERBENA ／レモンバーベナ
- LOVAGE ／ラビッジ
- MYRRH ／ミルラ
- ORANGE ／オレンジ
- PEPPERMINT ／ペパーミント
- PINE ／パイン
- ROSEMARY ／ローズマリー
- RUE ／ルー
- SAFFRON ／サフラン
- SANDALWOOD ／サンダルウッド
- SOLOMON'S SEAL ／ソロモンシール

◆若さ
- COWSLIP ／カウスリップ
- LAVENDER ／ラベンダー
- LINDEN ／リンデン

- OAK／オーク
- ROSEMARY／ローズマリー
- SAGE／セージ

参考文献一覧

◆土のパワー

- Bord, Janet and Colin. *Mysterious Britain.* New York: Doubleday, 1972.
- ――. *The Secret Country.* New York: Warner, 1976.
- Hitching, Francis. *Earth Magic.* New York: Pocket Books, 1978.
  フランシス・ヒッチング、『謎の巨石文明―古代世界の科学から超自然現象まで』（白揚社、1980年）
- Michell, John. *The View Over Atlantis.* New York: Ballantine, 1972.

◆民話と迷信

- Coffin, Tristram, and Cohen, Henning, eds. *Folklore in America.* New York: Anchor Books, 1970.
  トリストラム・コフィン、『アメリカの民衆文化』（研究社、1973年）
- De Lys, Claudia. *A Treasury of American Superstitions.* New York: Philosophical Library, 1948.
- Eichler, Lillian. *The Customs of Mankind.* New York: : Doubleday, 1924.
- Frazer, James. *The Golden Bough.* New York: Macmillan, 1956. (One-volume abridged edition.)
  ジェームズ・フレイザー、『金枝篇』（ちくま学芸文庫、1999年）

- Harley, Rev. Timothy. *Moon Lore.* Rutland, VT: Charles E.Tuttle Co., 1970.
- Leach, Maria. *The Soup Stone: The Magic of Familiar Things.* London: Mayflower, 1954.
- Leach, Maria. ed. *The Standard Dictionary of Folklore.* New York: Funk and Wagnalls, 1972.
- Lawson, John Cuthbert. *Modern Greek Folklore and Ancient Greek Religion.* New Hyde Park, NY: University Books, 1964.
- Randolph, Vance. *Ozark Superstitions.* New York: Columbia University Press, 1947.
- Waring, Phillipa. *A Dictionary of Omens and Superstitions.* New York: Ballantine, 1979.

◆魔法

- Agrippa, Henry Cornelius. *The Philosophy of Natural Magic.* Secaucus, NJ: University Books, 1974.
- Buckland, Raymond. *Practical Candleburning Rituals.* St. Paul, MN: Llewellyn, 1970.
  レイモンド・バックランド、『キャンドル魔法 実践ガイド――願いを叶えるシンプルで効果的な儀式』（パンローリング、2016年）
- Burland, C. A. *The Magical Arts: A Short History.* New York: Horizon, 1966.
- Burriss, Eli Edward. *Taboo, Magic and Spirits.* New York: Macmillan, 1931.
- Chappel, Helen. *The Waxing Moon: A Gentle Guide to Magick.* New York: Links, 1974.
- Cunningham, Scott. *Magical Herbalism: The Secret Craft of the Wise.* St.

Paul, MN: Llewellyn, 1982.

　スコット・カニンガム、『願いを叶える魔法のハーブ事典』（パンローリング、2014 年）

- Fortune, Dion. *The Sea Priestess*. London: Aquarian Press, 1957.
- Harner, Michael. *The Way of the Shaman*. New York: Bantam, 1982.

　マイケル・ハーナー、『シャーマンへの道』（平河出版社、1989 年）

- Hayes, Carolyn. *Pergemin*. Chicago: Aries Press, 1937.
- Howard, Michael. *Candle Burning: Its Occult Significance*. Wellingtonborough (Northhamptonshire): Aquarian Press, 1975.
- ———. *The Magic of the Runes*. New York: Weiser, 1980.
- Howells, William. *The Heathens: Primitive Man and His Religions*. New York: Doubleday, 1956.
- Kenyon, Theda. *Witches Still Live*. New York: Washburn, 1928.
- Kittredge, George Lyman. *Witchcraft in Old and New England*. New York: Russell and Russell, 1929.
- Lea, Henry Charles. *Materials Toward a History of Witchcraft*. New York: Thomas Yosseloff, 1957.
- Leland, C. G. *Etruscan Magic and Occult Remedies*. New Hyde Park, NY: University Books, 1963.
- Poinsot, M. C. *The Encyclopedia of Occult Sciences*. New York: Tudor, 1968.
- Raven. *The Book of Ways*. Escondido, CA: Nemi Enterprises, 1981.
- ———. *The Book of Ways Volume Two*. Escondido, CA: Nemi Enterprises, 1982.
- Shumidt, Phillip. *Superstition and Magic*. Westminster, MD: The Newman Press, 1963.
- Scot, Reginald. *Discoverie of Witchcraft*. New York: Dover, 1972.

- Singer, Charles. *From Magic to Science.* New York: Dover, 1958.
- Spence, Lewis. *Encyclopedia of Occultism.* New York: University Books, 1960.
- Thompson. C. J. S. *The Mysteries and Secrets of Magic.* New York: Olympia Press, 1972.
- Valiente, Doreen. *Natural Magic.* New York: St. Martin's Press, 1975.
- ———. *Where Witchcraft Lives.* London: Aquarian Press, 1962.
- Worth, Valerie. *The Crone's Book of Words.* St. Paul, MN: Llewellyn, 1971.

■著者紹介
スコット・カニンガム
1956年6月27日、ミシガン州ロイヤル・オーク生まれ。高校時代から魔術を学び、自然のパワーによる魔法を20年以上も実践。魔法について経験し、研究し、30点を超える著書を執筆。ニューエイジの分野では極めて高く評価されており、その著書は同分野の幅広い興味や関心を反映している。1993年3月28日、長い闘病生活の後に逝去。著書に『願いを叶える魔法のハーブ事典』『願いを叶える魔法の香り事典』『魔女の教科書』(パンローリング)など。

■訳者紹介
狩野綾子（かりの・あやこ）
英日ライター＆翻訳家。映画会社で国際業務や単行本の編集業務を経て、英字新聞の文化欄記者に。翻訳書に、『「ひらめき」を生む技術』(伊藤穰一)、『デス＆キャンディ　カー・ボーイの冒険／ピクシー』(マックス・アンダーソン)、『状況認識力UPがあなたを守る』、共訳書に『フランスの子どもはなんでも食べる』(カレン・ル・ビロン)、『オイスター・ボーイの憂鬱な死』(ティム・バートン)などがある。都内を中心としたお母さんたちの編集・デザインチーム「まちとこ」(http://machitoco.com)にも所属。

2016年11月3日 初版第1刷発行

フェニックスシリーズ㊷
西洋魔法で開運 入門
──四大元素"土風火水"がパワーを引き寄せる

著 者	スコット・カニンガム
訳 者	狩野綾子
発行者	後藤康徳
発行所	パンローリング株式会社
	〒160-0023 東京都新宿区西新宿7-9-18-6F
	TEL 03-5386-7391 FAX 03-5386-7393
	http://www.panrolling.com/
	E-mail info@panrolling.com
装 丁	パンローリング装丁室
印刷・製本	株式会社シナノ

ISBN978-4-7759-4161-4

落丁・乱丁本はお取り替えします。
また、本書の全部、または一部を複写・複製・転訳載、および磁気・光記録媒体に
入力することなどは、著作権法上の例外を除き禁じられています。

©Ayako Karino 2016 Printed in Japan

スコット・カニンガム シリーズ

願いを叶える魔法のハーブ事典

ISBN 9784775941294
定価：本体価格 1,800円＋税

世界各地で伝わるハーブ魔法に関する必要な情報を網羅。400種類以上のハーブを魔法の効果や支配元素などで紹介。ハーバリスト必読の書。

願いを叶える魔法の香り事典

ISBN 9784775941515
定価：本体価格 1,800円＋税

古代から連綿と受け継がれたレシピをひも解いた「幸せの香り」完全ガイド。300種類以上のレシピで人生をより豊かなものに。

魔女の教科書
自然のパワーで幸せを呼ぶウイッカの魔法入門

ISBN 9784775941362
定価：本体価格 1,500円＋税

世界で100万人以上に読まれている「幸せの魔法」入門。願い事を叶える事や魔法に興味がある人が一番最初に読む本。

願いを叶える魔法のパワーアイテム事典
113のパワーストーンと16のメタルが生み出す地球の力

ISBN 9784775941522
定価：本体価格 1,800円＋税

パワーストンとメタル単独の効果にとどまらず、組み合わせによる効能を解説。あなただけのパワーアイテム作りしてみませんか。

好評発売中

カルペパー ハーブ事典

ニコラス・カルペパー【著】
ISBN 9784775941508　672ページ
定価：本体価格 3,000円＋税

『THE COMPLETE HERBAL』
ニコラス・カルペパー 伝説の書
ついに初邦訳!!

ハーブ、アロマ、占星術、各分野で待望の歴史的書物。ハーブの特徴・支配惑星をイラストと共に紹介。

付録として前著であるEnglsh Physician（一部抜粋）も加え、全672ページ、全ハーブタイトル数329種の大ボリュームで登場。

レイモンド・バックランドの世界

バックランドのウィッチクラフト完全ガイド
魔女力を高める15のレッスン

ISBN 9784775941546
定価：本体価格 2,400円＋税

世界17国で30年以上のロングセラー ウィッカの歴史から実践までをステップ・バイ・ステップのコースで学べる。独習完全ガイドブック。

キャンドル魔法 実践ガイド
願いを叶えるシンプルで効果的な儀式

ISBN 9784775941607
定価：本体価格 1,500円＋税

必要なものは数本のキャンドルとあなたの「願い」だけです。「いつ、何を、どのように」という具体的な手順にこだわった実践書。

好評発売中

アニマルスピーク
守護動物「トーテム」のメッセージで目覚める本当のあなた

テッド・アンドリューズ【著】
ISBN 9784775941249　320ページ
定価：本体価格 1,800円＋税

悩み、壁に立ち向かうためのスピリットガイド。守護動物を見つけるには？

◆昔から気になっている動物は？
◆動物園に行ったらいちばんに見たい動物は？
◆屋外でよく見かける動物は？
◆いちばん興味のある動物は？
◆自分にとって、いちばん怖い動物は？
◆動物に噛まれたり、襲われたりした経験は？
◆動物の夢を見ることはあるか？

マイケル・ニュートンの世界

死後の世界が教える「人生はなんのためにあるのか」

ISBN 9784775941133
定価：本体価格 2,000円＋税

全米30万部ベストセラー
この人生は、自分で選んだものだった！
生まれ変わりは何のために起きるのか？
死後の世界で何が起きるのか？

死後の世界を知ると人生は深く癒される

ISBN 9784775941232
定価：本体価格 2,000円＋税

退行催眠67ケースから分かった魂の誕生、記憶、そして運命。死は果てしなく続く生の通過点にすぎない。ついに明らかになった「生と生の間」の全容とは